ज्योतिष विज्ञान

'ज्योतिष विज्ञान' पर प्रश्नोत्तर सहित वुडलैंड, मुंबई में हुई प्रवचनमाला के अंतर्गत ओशो द्वारा दिए गए दो प्रवचन

डायमंड बुक्स

OSHO

ज्योतिष विज्ञान

ओशो

Jyotish Vigyan
Editing: Shanti Tyohar

Published by
Diamond Pocket Books Pvt. Ltd.
X-30, Okhla Industrial Area, Phase-II, New Delhi-20
Tel : 011-40712100, 41611861 Fax : 011-41611866
E-mail : sales@dpb.in
website : www.diamondbook.in

Photos: Courtesy OSHO International Foundation

The material in this book is a transcript of a series of original OSHO Talks 'Jyotish Vigyan' given to a live audience. All of Osho's talks have been published in full as books, and are also available as original audio recordings. Audio recordings and the complete text archive can be found via the online OSHO Library at www.osho.com/library

Printed in India by Adarsh Printers, Shahdara, Delhi-32

ISBN 978-93-5083-622-4

प्रवेश के पूर्व

ज्योतिष बहुत बातों की खोज थी। उसमें जो अनिवार्य है, उसके साथ सहयोग। वह जो होने ही वाला है, उसके साथ व्यर्थ का संघर्ष नहीं। जो नहीं होने वाला है, उसकी व्यर्थ की मांग नहीं, उसकी आकांक्षा नहीं! ज्योतिष मनुष्य को धार्मिक बनाने के लिए, तथाता में ले जाने के लिए, परम स्वीकार में ले जाने के लिए उपाय था। उसके बहुआयाम हैं।

...जगत एक जीवंत शरीर है, आर्गेनिक यूनिटी है। उसमें कुछ भी अलग-अलग नहीं है; सब संयुक्त है। दूर से दूर जो है वह भी निकट से निकट से जुड़ा है; अजुड़ा कुछ भी नहीं है। इसलिए कोई इस भ्रांति में न रहे कि वह आइसोलेटेड आइलैंड है। कोई इस भ्रांति में न रहे कि कोई एक द्वीप है छोटा सा अलग-थलग।

नहीं, कोई अलग-थलग नहीं है, सब संयुक्त है। और हम पूरे समय एक-दूसरे को प्रभावित कर रहे हैं और एक-दूसरे से प्रभावित हो रहे हैं। सड़क पर पड़ा हुआ पत्थर भी, जब आप उसके पास से गुजरते हैं तो आपकी तरफ अपनी किरणें फेंक रहा है। फूल

भी फेंक रहा है। और आप भी ऐसे ही नहीं गुजर रहे हैं, आप भी अपनी किरणें फेंक रहे हैं। मैंने कहा कि चांद-तारों से हम प्रभावित होते हैं। ज्योतिष का दूसरा और गहरा खयाल है कि चांद-तारे भी हमसे प्रभावित होते हैं। क्योंकि प्रभाव कभी भी एकतरफा नहीं होता। जब कभी बुद्ध जैसा आदमी जमीन पर पैदा होता है तो चांद यह न सोचे कि चांद पर उनकी, बुद्ध की, वजह से कोई तूफान नहीं उठते, कि बुद्ध की वजह से चांद पर कोई तूफान शांत नहीं होते! अगर सूरज पर धब्बे आते हैं और सूरज पर अगर तूफान उठते हैं और जमीन पर बीमारियां फैल जाती हैं, तो जब जमीन पर बुद्ध जैसे व्यक्ति पैदा होते हैं और शांति की धारा बहती है और ध्यान का गहन रूप पृथ्वी पर पैदा होता है तो सूरज पर भी तूफान फैलने में कठिनाई होती है। सब संयुक्त है!

एक छोटा सा घास का तिनका भी सूरज को प्रभावित करता है और सूरज भी घास के तिनके को प्रभावित करता है। न तो घास का तिनका इतना छोटा है कि सूरज कहे कि तेरी हम फिकर नहीं करते और न सूरज इतना बड़ा है कि यह कह सके कि घास का तिनका मेरे लिए क्या कर सकता है। जीवन संयुक्त है! यहां छोटा-बड़ा कोई भी नहीं है, एक आर्गेनिक यूनिटी है—एकात्म है। इस एकात्म का बोध अगर आए खयाल में तो ही ज्योतिष समझ में आ सकता है, अन्यथा ज्योतिष समझ में नहीं आ सकता।

ओशो

अनुक्रम

पहला प्रवचन

ज्योतिष : अद्वैत का विज्ञान

ओशो,

मेरे प्रश्न का एक भाग पूरा हो चुका है, तब ओशो के सान्निध्य में मंदिर, तीर्थ, तिलक-टीके और मूर्ति-पूजा पर चर्चा हो सकी। आज ओशो के श्रीचरणों में निवेदन करूंगा कि हम एक नये विषय पर ओशो से मार्ग-दर्शन चाहेंगे और वह विषय है: ज्योतिष। यह अछूता विषय है, ओशो के श्रीमुख से इस पर कभी चर्चा नहीं हुई है। तो ओशो के श्रीचरणों में पुनः निवेदन करूंगा कि आज ज्योतिष के संबंध में हमारा मार्ग-दर्शन करें।

ज्योतिष शायद सबसे पुराना विषय है और एक अर्थ में सबसे ज्यादा तिरस्कृत विषय भी है। सबसे पुराना इसलिए कि मनुष्य-जाति के इतिहास की जितनी खोज-बीन हो सकी है उसमें ज्योतिष, ऐसा कोई भी समय नहीं था, जब मौजूद न रहा हो। जीसस से पच्चीस हजार वर्ष पूर्व सुमेर में मिले हुए हड्डी के अवशेषों पर ज्योतिष के चिह्न अंकित हैं। पश्चिम में पुरानी से पुरानी जो खोज-बीन हुई है, वह जीसस से पच्चीस हजार वर्ष पूर्व इन हड्डियों की है, जिन पर ज्योतिष के चिह्न और चंद्र की यात्रा के अंकित हैं। लेकिन भारत में तो बात और भी पुरानी है।

ऋग्वेद में, पंचानबे हजार वर्ष पूर्व ग्रह-नक्षत्रों की जैसी स्थिति थी, उसका उल्लेख है। इसी आधार पर लोकमान्य तिलक ने यह तय किया था कि ज्योतिष नब्बे हजार वर्ष से ज्यादा पुराने तो निश्चित ही होने चाहिए। क्योंकि वेद में यदि पंचानबे हजार वर्ष पहले जैसी नक्षत्रों की स्थिति थी उसका उल्लेख है, तो वह उल्लेख इतना पुराना तो होगा ही। क्योंकि उस समय जो स्थिति थी नक्षत्रों की उसे बाद में जानने का कोई भी उपाय नहीं था। अब हमारे पास ऐसे वैज्ञानिक साधन उपलब्ध हो सके हैं कि हम जान सकें अतीत में कि नक्षत्रों की स्थिति कब कैसी रही होगी।

ज्योतिष की सर्वाधिक गहरी मान्यताएं भारत में पैदा हुईं। सच तो यह है कि ज्योतिष के कारण ही गणित का जन्म हुआ। ज्योतिष की गणना के लिए ही सबसे पहले गणित का जन्म हुआ। और इसीलिए अंकगणित के जो अंक हैं वे भारतीय हैं, सारी दुनिया की भाषाओं में। एक से लेकर नौ तक जो गणना के अंक हैं, वे समस्त भाषाओं में जगत की, भारतीय हैं। और सारी दुनिया में नौ डिजिट, नौ अंक स्वीकृत हो गए, उसका भी कुल कारण इतना है कि वे नौ अंक भारत में पैदा हुए और धीरे-धीरे सारे जगत में फैल गए।

जिसे आप अंग्रेजी में नाइन कहते हैं वह संस्कृत के नौ का ही रूपांतरण है। जिसे आप एट कहते हैं वह संस्कृत के अष्ट का ही रूपांतरण है। एक से लेकर नौ तक जगत की समस्त सभ्य भाषाओं में गणित के जो अंकों का प्रचलन है वह भारतीय ज्योतिष के प्रभाव में हुआ।

भारत से ज्योतिष की पहली किरणें सुमेर की सभ्यता में पहुंचीं। सुमेरियंस ने सबसे पहले, ईसा से छह हजार वर्ष पूर्व, पश्चिम के जगत के लिए ज्योतिष का द्वार खोला। सुमेरियंस ने सबसे पहले नक्षत्रों के वैज्ञानिक अध्ययन की आधारशिलाएं रखीं। उन्होंने बड़े ऊंचे, सात सौ फीट ऊंचे मीनार बनाए। और उन मीनारों पर सुमेरियन पुरोहित चौबीस

घंटे आकाश का अध्ययन करते थे—दो कारणों से। एक तो सुमेरियंस को इस गहरे सूत्र का पता चल गया था कि मनुष्य के जगत में जो भी घटित होता है, उस घटना का प्रारंभिक स्रोत नक्षत्रों से किसी न किसी भांति संबंधित है।

जीसस से छह हजार वर्ष पहले सुमेरियंस की यह धारणा कि पृथ्वी पर जो भी बीमारी पैदा होती है, जो भी महामारी पैदा होती है, वह सब नक्षत्रों से संबंधित है। अब तो इसके लिए वैज्ञानिक आधार मिल गए हैं। और जो लोग आज के विज्ञान को समझते हैं वे कहते हैं सुमेरियंस ने मनुष्य-जाति का असली इतिहास प्रारंभ किया। इतिहासज्ञ कहते हैं कि सब तरह का इतिहास सुमेर से शुरू होता है।

उन्नीस सौ बीस में चिजेवस्की नाम के एक रूसी वैज्ञानिक ने इस बात की खोज-बीन की कि जब भी सूरज पर—सूरज पर हर ग्यारह वर्षों में पीरियाडिकली बहुत बड़ा विस्फोट होता है। सूर्य पर हर ग्यारह वर्ष में आणविक विस्फोट होता है। और चिजेवस्की ने यह खोज-बीन की कि जब भी सूरज पर ग्यारह वर्षों में आणविक विस्फोट होता है तभी पृथ्वी पर युद्ध और क्रांतियों के सूत्रपात होते हैं। और उसने कोई सात सौ वर्ष के लंबे इतिहास में सूर्य पर जब भी दुर्घटना घटती है, तभी पृथ्वी पर दुर्घटना घटती है, इसका इतना वैज्ञानिक विश्लेषण किया कि स्टैलिन ने उसे उन्नीस सौ बीस में उठा कर जेल में डाल दिया। वह स्टैलिन के मरने के बाद ही चिजेवस्की छूट सका। क्योंकि स्टैलिन के लिए तो अजीब बात हो गई! मार्क्स का और कम्युनिस्टों का खयाल है कि पृथ्वी पर जो क्रांतियां होती हैं उनका कारण मनुष्य के बीच आर्थिक वैभिन्य है। और चिजेवस्की कहता है कि क्रांतियों का कारण सूरज पर हुए विस्फोट हैं।

अब सूरज पर हुए विस्फोट और मनुष्य के जीवन की गरीबी और अमीरी का क्या संबंध? अगर चिजेवस्की ठीक कहता है तो मार्क्स की सारी की सारी व्याख्या मिट्टी में चली जाती है। तब

क्रांतियों का कारण वर्गीय नहीं रह जाता, तब क्रांतियों का कारण ज्योतिषीय हो जाता है। चिजेवस्की को गलत तो सिद्ध नहीं किया जा सका, क्योंकि सात सौ साल की जो गणना उसने दी थी वह इतनी वैज्ञानिक थी और सूरज में हुए विस्फोटों के साथ इतना गहरा संबंध उसने पृथ्वी पर घटने वाली घटनाओं का स्थापित किया था कि उसे गलत सिद्ध करना तो कठिन था। लेकिन उसे साइबेरिया में डाल देना आसान था।

स्टैलिन के मर जाने के बाद ही चिजेवस्की को खुश्चेव साइबेरिया से मुक्त कर पाया। इस आदमी के जीवन के कीमती पचास साल साइबेरिया में नष्ट हुए। छूटने के बाद भी वह चार-छह महीने से ज्यादा जीवित नहीं रह सका। लेकिन छह महीने में भी वह अपनी स्थापना के लिए और नये प्रमाण इकट्ठे कर गया है। पृथ्वी पर जितनी महामारियां फैलती हैं, उन सबका संबंध भी वह सूरज से जोड़ गया है।

सूरज, जैसा हम साधारणतः सोचते हैं, ऐसा कोई निष्क्रिय अग्नि का गोला नहीं है, अत्यंत सक्रिय है। और प्रतिपल सूरज की तरंगों में रूपांतरण होते रहते हैं। और सूरज की तरंगों का जरा सा रूपांतरण भी पृथ्वी के प्राणों को कंपित करता है। इस पृथ्वी पर कुछ भी ऐसा घटित नहीं होता जो सूरज पर घटित हुए बिना घटित हो जाता हो। जब सूर्य का ग्रहण होता है तो पक्षी जंगलों में गीत गाना चौबीस घंटे पहले से बंद कर देते हैं। पूरे ग्रहण के समय तो सारी पृथ्वी मौन हो जाती है, पक्षी गीत गाना बंद कर देते हैं, सारे जंगलों के जानवर भयभीत हो जाते हैं, किसी बड़ी आशंका से पीड़ित हो जाते हैं। बंदर वृक्षों को छोड़ कर नीचे आ जाते हैं। भीड़ लगा कर किसी सुरक्षा का उपाय करने लगते हैं। और एक आश्चर्य कि बंदर, जो निरंतर बातचीत और शोरगुल में लगे रहते हैं, सूर्यग्रहण के वक्त बंदर इतने मौन हो जाते हैं जितने साधु और संन्यासी भी नहीं होते!

चिजेवस्की ने ये सारी की सारी बातें स्थापित की हैं। सुमेर में सबसे पहले यह खयाल पैदा हुआ। उसके बाद स्विस पैरासेलीसस नाम का एक चिकित्सक, उसने एक बहुत अनूठी मान्यता स्थापित की। और वह मान्यता आज नहीं कल सारे मेडिकल साइंस को बदलने वाली सिद्ध होगी। अब तक उस मान्यता पर बहुत जोर नहीं दिया जा सका, क्योंकि ज्योतिष तिरस्कृत विषय है—सर्वाधिक पुराना, लेकिन सर्वाधिक तिरस्कृत, यद्यपि सर्वाधिक मान्य भी।

अभी फ्रांस में पिछले वर्ष गणना की गई तो सैंतालीस प्रतिशत लोग ज्योतिष में विश्वास करते हैं कि वह विज्ञान है—फ्रांस में! अमरीका में मौजूद पांच हजार बड़े ज्योतिषी दिन-रात काम में लगे रहते हैं और उनके पास इतने कस्टमर्स हैं कि वे काम निपटा नहीं पाते। करोड़ों डालर अमरीका प्रतिवर्ष ज्योतिषियों को चुकाता है। अंदाज है कि सारी पृथ्वी पर कोई अठहत्तर प्रतिशत लोग ज्योतिष में विश्वास करते हैं। लेकिन वे अठहत्तर प्रतिशत लोग सामान्य हैं। वैज्ञानिक, विचारक, बुद्धिवादी ज्योतिष की बात सुन कर ही चौंक जाते हैं।

सी जी जुंग ने कहा है कि तीन सौ वर्षों से विश्वविद्यालयों के द्वार ज्योतिष के लिए बंद हैं, यद्यपि आने वाले तीस वर्षों में ज्योतिष तुम्हारे दरवाजों को तोड़ कर विश्वविद्यालयों में पुनः प्रवेश पाकर रहेगा। पाकर रहेगा प्रवेश इसलिए कि ज्योतिष के संबंध में जो-जो दावे किए गए थे उनको अब तक सिद्ध करने का उपाय नहीं था, लेकिन अब उनको सिद्ध करने का उपाय है।

पैरासेलीसस ने एक मान्यता को गति दी और वह मान्यता यह थी कि आदमी तभी बीमार होता है जब उसके और उसके जन्म के साथ जुड़े हुए नक्षत्रों के बीच का तारतम्य टूट जाता है। इसे थोड़ा समझ लेना जरूरी है। उससे बहुत पहले पाइथागोरस ने यूनान में, कोई ईसा से छह सौ वर्ष पूर्व, यानी आज से कोई पच्चीस सौ वर्ष पूर्व, ईसा से छह सौ वर्ष पूर्व पाइथागोरस

ने प्लेनेटरी हार्मनी, ग्रहों के बीच एक संगीत का संबंध है, इसके संबंध में एक बहुत बड़े दर्शन को जन्म दिया था।

और पाइथागोरस ने जब यह बात कही थी तब वह भारत और इजिप्ट, इन दो मुल्कों की यात्रा करके वापस लौटा था। और पाइथागोरस जब भारत आया तब भारत बुद्ध और महावीर के विचारों से तीव्रता से आप्लावित था। पाइथागोरस हिंदुस्तान से वापस लौट कर जो बातें कहा है उसमें उसने महावीर और विशेषकर जैनों के संबंध में बहुत सी बातें महत्वपूर्ण कही हैं। उसने जैनों को जैनोसोफिस्ट कह कर पुकारा है। सोफिस्ट का मतलब होता है दार्शनिक और जैनो का मतलब तो जैन! तो जैन दार्शनिक को पाइथागोरस ने जैनोसोफिस्ट कहा है। नग्न रहते हैं, यह सारी बात की है।

पाइथागोरस मानता था कि प्रत्येक नक्षत्र या प्रत्येक ग्रह या उपग्रह जब यात्रा करता है अंतरिक्ष में, तो उसकी यात्रा के कारण एक विशेष ध्वनि पैदा होती है। प्रत्येक नक्षत्र की गति एक विशेष ध्वनि पैदा करती है। और प्रत्येक नक्षत्र की अपनी व्यक्तिगत निजी ध्वनि है। और इन सारे नक्षत्रों की ध्वनियों का एक तालमेल है, जिसे वह विश्व की संगीतबद्धता, हार्मनी कहता था। जब कोई मनुष्य जन्म लेता है तब उस जन्म के क्षण में इन नक्षत्रों के बीच जो संगीत की व्यवस्था होती है वह उस मनुष्य के प्राथमिक, सरलतम, संवेदनशील चित्त पर अंकित हो जाती है। वही उसे जीवन भर स्वस्थ और अस्वस्थ करती है। जब भी वह अपनी उस मौलिक जन्म के साथ पाई गई संगीत-व्यवस्था के साथ तालमेल बना लेता है तो स्वस्थ हो जाता है। और जब उसका तालमेल छूट जाता है तो अस्वस्थ हो जाता है।

पैरासेलीसस ने इस संबंध में बड़ा महत्वपूर्ण काम किया। वह किसी मरीज को दवा नहीं देता था जब तक उसकी जन्म-कुंडली न देख ले। और बड़ी हैरानी की बात है कि

पैरासेलीसस ने जन्म-कुंडलियां देख कर ऐसे मरीजों को ठीक किया जिनको कि चिकित्सक कठिनाई में पड़ गए थे और ठीक नहीं कर पाते थे। उसका कहना था, जब तक मैं यह न जान लूं कि यह व्यक्ति किन नक्षत्रों की स्थिति में पैदा हुआ है तब तक इसके अंतर्संगीत के सूत्र को भी पकड़ना संभव नहीं है। और जब तक मैं यह न जान लूं कि इसके अंतर्संगीत की व्यवस्था क्या है तो इसे कैसे हम स्वस्थ करें? क्योंकि स्वास्थ्य का क्या अर्थ है, इसे थोड़ा समझ लें!

अगर साधारणतः हम चिकित्सक से पूछें कि स्वास्थ्य का क्या अर्थ है तो वह इतना ही कहेगा : बीमारी का न होना। पर उसकी परिभाषा निगेटिव है, नकारात्मक है। और यह दुखद बात है कि स्वास्थ्य की परिभाषा हमें बीमारी से करनी पड़े। स्वास्थ्य तो पाजिटिव चीज है, बीमारी निगेटिव है, नकारात्मक है। स्वास्थ्य तो स्वभाव है, बीमारी तो आक्रमण है। तो स्वास्थ्य की परिभाषा हमें बीमारी से करनी पड़े, यह बात अजीब है। घर में रहने वाले की परिभाषा मेहमान से करनी पड़े, तो बात अजीब है। स्वास्थ्य तो हमारे साथ है, बीमारी कभी होती है। स्वास्थ्य तो हम लेकर पैदा होते हैं, बीमारी उस पर आती है। पर हम स्वास्थ्य की परिभाषा अगर चिकित्सकों से पूछें तो वे यही कह पाते हैं कि बीमारी नहीं है तो स्वस्थ हैं।

पैरासेलीसस कहता था, यह व्याख्या गलत है। स्वास्थ्य की पाजिटिव डेफिनिशन होनी चाहिए। पर उस पाजिटिव डेफिनिशन को, उस विधायक व्याख्या को कहां से पकड़ेंगे? तो पैरासेलीसस कहता था, जब तक हम तुम्हारे अंतर्निहित संगीत को न जान लें—वही तुम्हारा स्वास्थ्य है—तब तक हम ज्यादा से ज्यादा तुम्हारी बीमारियों से तुम्हारा छुटकारा करवा सकते हैं। लेकिन हम एक बीमारी से तुम्हें छुड़ाएंगे और तुम दूसरी बीमारी को तत्काल पकड़ लोगे। क्योंकि

तुम्हारे भीतरी संगीत के संबंध में कुछ भी नहीं किया जा सका। असली बात तो वही थी कि तुम्हारा भीतरी संगीत स्थापित हो जाए।

इस संबंध में—पैरासेलीसस को हुए तो कोई पांच सौ वर्ष होते हैं, उसकी बात भी खो गई थी—लेकिन अब पिछले बीस वर्षों में, उन्नीस सौ पचास के बाद दुनिया में ज्योतिष का पुनर्आविर्भाव हुआ है। और आपको जान कर हैरानी होगी कि कुछ नये विज्ञान पैदा हुए हैं जिनके संबंध में कुछ आपसे कह दूं, तो फिर पुराने विज्ञान को समझना आसान हो जाएगा। उन्नीस सौ पचास में एक नई साइंस का जन्म हुआ। उस साइंस का नाम है : कॉस्मिक केमिस्ट्री, ब्रह्म-रसायन। उसको जन्म देने वाला आदमी है : जियॉजारजी जिऑरडी। यह आदमी इस सदी के कीमती से कीमती थोड़े से आदमियों में एक है। इस आदमी ने वैज्ञानिक आधारों पर प्रयोगशालाओं में अनंत प्रयोगों को करके यह सिद्ध किया है कि जगत, पूरा जगत, एक आर्गेनिक यूनिटी है। पूरा जगत एक शरीर है।

और अगर मेरी अंगुली बीमार पड़ जाती है तो मेरा पूरा शरीर प्रभावित होता है। शरीर का अर्थ होता है कि टुकड़े अलग-अलग नहीं हैं, संयुक्त हैं, जीवंत रूप से इकट्ठे हैं। अगर मेरी आंख में तकलीफ होती है तो मेरे पैर का अंगूठा भी अनुभव करता है। और अगर मेरे पैर को चोट लगती है तो मेरे हृदय को भी खबर मिलती है। और अगर मेरा मस्तिष्क रुग्ण हो जाता है तो मेरा शरीर पूरा का पूरा बेचैन हो जाएगा। और अगर मेरा पूरा शरीर नष्ट कर दिया जाए तो मेरे मस्तिष्क को खड़े होने के लिए जगह मिलनी मुश्किल हो जाएगी। मेरा शरीर एक आर्गेनिक यूनिटी है—एक एकता है जीवंत। उसमें कोई भी एक चीज को छुओ तो सब प्रवाहित होता है, सब प्रभावित हो जाता है।

कॉस्मिक केमिस्ट्री कहती है कि पूरा ब्रह्मांड एक शरीर है। उसमें कोई भी चीज अलग-अलग नहीं है, सब संयुक्त है। इसलिए कोई तारा कितनी ही दूर क्यों न हो, वह भी जब बदलता है तो हमारे हृदय की गति को बदल जाता है। और सूरज चाहे कितने ही फासले पर क्यों न हो, जब वह ज्यादा उत्तप्त होता है तो हमारे खून की धाराएं बदल जाती हैं। हर ग्यारह वर्षों में...।

पिछली बार जब सूरज पर बहुत ज्यादा गतिविधि चल रही थी और अग्नि के विस्फोट चल रहे थे, तो एक जापानी चिकित्सक तोमातो बहुत हैरान हुआ। वह चिकित्सक स्त्रियों के खून पर निरंतर काम कर रहा था बीस वर्षों से। स्त्रियों के खून की एक विशेषता है जो पुरुषों के खून की नहीं है। उनके मासिक धर्म के समय उनका खून पतला हो जाता है। और पुरुष का खून पूरे समय एक सा रहता है। स्त्रियों का खून मासिक धर्म के समय पतला हो जाता है, या गर्भ जब उनके पेट में होता है तब उनका खून पतला हो जाता है। पुरुष और स्त्री के खून में एक बुनियादी फर्क तोमातो अनुभव कर रहा था।

लेकिन जब सूरज पर बहुत जोर से तूफान चल रहे थे आणविक शक्तियों के—हर ग्यारह वर्ष में चलते हैं—तो वह चकित हुआ कि पुरुषों का खून भी पतला हो जाता है। जब सूरज पर आणविक तूफान चलता है तब पुरुष का खून भी पतला हो जाता है। यह बड़ी नई घटना थी, यह इसके पहले कभी रिकॉर्ड नहीं की गई थी कि पुरुष के खून पर सूरज पर चलने वाले तूफान का कोई प्रभाव पड़ेगा। और अगर खून पर प्रभाव पड़ सकता है तो फिर किसी भी चीज पर प्रभाव पड़ सकता है।

एक दूसरा अमरीकन विचारक है, फ्रेंक ब्राउन। वह अंतरिक्ष यात्रियों के लिए सुविधाएं जुटाने का काम करता रहा है। उसकी आधी जिंदगी, अंतरिक्ष में जो मनुष्य यात्रा करने जाएंगे

उनको तकलीफ न हो, इसके लिए काम करने की रही है। सबसे बड़ी विचारणीय बात यही थी कि पृथ्वी को छोड़ते ही अंतरिक्ष में न मालूम कितने प्रभाव होंगे, न मालूम कितनी धाराएं होंगी रेडिएशन की, किरणों की—वे आदमी पर क्या प्रभाव करेंगी?

लेकिन दो हजार साल से ऐसा समझा जाता रहा है अरस्तू के बाद, पश्चिम में, कि अंतरिक्ष शून्य है, वहां कुछ है ही नहीं। दो सौ मील के बाद पृथ्वी पर हवाएं समाप्त हो जाती हैं, और फिर अंतरिक्ष शून्य है। लेकिन अंतरिक्ष यात्रियों की खोज ने सिद्ध किया कि वह बात गलत है। अंतरिक्ष शून्य नहीं है, बहुत भरा हुआ है। और न तो शून्य है, न मृत है; बहुत जीवंत है। सच तो यह है कि पृथ्वी की दो सौ मील की हवाओं की पर्तें सारे प्रभावों को हम तक आने से रोकती हैं। अंतरिक्ष में तो अदभुत प्रवाहों की धाराएं बहती रहती हैं। उनको आदमी सह पाएगा या नहीं?

तो आप जान कर हैरान होंगे और हंसेंगे भी कि आदमी को भेजने के पहले ब्राउन ने आलू भेजे अंतरिक्ष में। क्योंकि ब्राउन का कहना है कि आलू और आदमी में बहुत भीतरी फर्क नहीं है। अगर आलू सड़ जाएगा तो आदमी नहीं बच सकेगा; और अगर आलू बच सकता है तो ही आदमी बच सकेगा। आलू बहुत मजबूत प्राणी है। और आदमी तो बहुत संवेदनशील है। अगर आलू भी नहीं बच सकता अंतरिक्ष में और सड़ जाएगा तो आदमी के बचने का कोई उपाय नहीं है। अगर आलू लौट आता है जीवंत, मरता नहीं है, और उसे जमीन में बोने पर अंकुर निकल आता है, तो फिर आदमी को भेजा जा सकता है। तब भी डर है कि आदमी सह पाएगा या नहीं।

इससे एक और हैरानी की बात ब्राउन ने सिद्ध की कि आलू जमीन के भीतर पड़ा हुआ, या

कोई भी बीज जमीन के भीतर पड़ा हुआ भी बढ़ता है सूरज के ही संबंध में! सूरज ही उसे जगाता, उठाता है। उसके अंकुर को पुकारता और ऊपर उठाता है।

ब्राउन एक दूसरे शास्त्र का अन्वेषक है। और उस शास्त्र को अभी ठीक-ठीक नाम मिलना शुरू हो रहा है। लेकिन अभी उसे कहते हैं: प्लेनेटरी हेरिडिटी, उपग्रही वंशानुक्रम। अंग्रेजी में शब्द है, 'होरोस्कोप।' वह यूनानी होरोस्कोपस का रूप है। होरोस्कोपस, यूनानी शब्द का अर्थ होता है: मैं देखता हूं जन्मते हुए ग्रह को। शब्द का अर्थ होता है।

असल में जब एक बच्चा पैदा होता है तब उसी समय पृथ्वी के चारों ओर क्षितिज पर अनेक नक्षत्र जन्म लेते हैं, उठते हैं। जैसे सूरज उठता है सुबह। जैसे सुबह सूरज उगता है, सांझ डूबता है, ऐसे ही चौबीस घंटे अंतरिक्ष में नक्षत्र उगते हैं और डूबते हैं। जब एक बच्चा पैदा हो रहा है—समझें सुबह छह बजे बच्चा पैदा हो रहा है—वही वक्त सूरज भी पैदा हो रहा है। उसी वक्त और कुछ नक्षत्र पैदा हो रहे हैं, कुछ नक्षत्र डूब रहे हैं। कुछ नक्षत्र ऊपर हैं, कुछ नक्षत्र उतार पर चले गए, कुछ नक्षत्र चढ़ाव पर हैं। यह बच्चा जब पैदा हो रहा है तब अंतरिक्ष की, अंतरिक्ष में नक्षत्रों की एक स्थिति है।

अब तक ऐसा समझा जाता था, और अभी भी अधिक लोग जो बहुत गहराई से परिचित नहीं हैं वे ऐसा ही सोचते हैं, कि चांद-तारों से आदमी के जन्म का क्या लेना-देना! चांद-तारे कहीं भी हों, इससे एक गांव में बच्चा पैदा हो रहा है, इससे क्या फर्क पड़ेगा!

फिर वे यह भी कहते हैं कि एक ही बच्चा पैदा नहीं होता, एक तिथि में, एक नक्षत्र की स्थिति में लाखों बच्चे पैदा होते हैं। उनमें से एक प्रेसिडेंट बन जाता है किसी मुल्क का, बाकी तो नहीं बन पाते। एक उनमें से सौ वर्ष का होकर मरता है, दूसरा दो दिन का ही मर जाता है। एक उनमें से बहुत बुद्धिमान होता है और एक निर्बुद्धि रह जाता है।

तो साधारण देखने पर पता चलता है कि इन ग्रह-नक्षत्रों की स्थिति का किसी के बच्चे के पैदा होने से, होरोस्कोप से क्या संबंध हो सकता है? यह तर्क इतना सीधा और साफ मालूम होता है कि ये चांद-तारे एक बच्चे के जन्म की चिंता भी नहीं करते हैं। और फिर एक बच्चा ही पैदा नहीं होता, एक स्थिति में लाखों बच्चे पैदा होते हैं, पर लाखों बच्चे एक से नहीं होते। इन तर्कों से ऐसा लगने लगा था—तीन सौ वर्षों से ये तर्क दिए जा रहे हैं—कि कोई संबंध नक्षत्रों से व्यक्ति के जन्म का नहीं है।

लेकिन ब्राउन, पिकॉडी, और इन सारे लोगों की, तोमातो, इन सबकी खोज का एक अदभुत परिणाम हुआ है। और वह यह कि ये वैज्ञानिक कहते हैं, अभी हम यह तो नहीं कह सकते कि व्यक्तिगत रूप से कोई बच्चा प्रभावित होता होगा, लेकिन अब हम यह पक्के रूप से कह सकते हैं कि जीवन प्रभावित होता है। एक बात, व्यक्तिगत रूप से बच्चा प्रभावित होता होगा, हम अभी नहीं कह सकते हैं, लेकिन जीवन निश्चित रूप से प्रभावित होता है। और अगर जीवन प्रभावित होता है तो हमारी खोज जैसे-जैसे सूक्ष्म होगी, वैसे-वैसे हम पाएंगे कि व्यक्ति भी प्रभावित होता है।

इसमें एक बात और खयाल में ले लेनी जरूरी है। जैसा सोचा जाता रहा है—वह तथ्य नहीं है—ऐसा सोचा जाता रहा है कि ज्योतिष विकसित विज्ञान नहीं है। प्रारंभ उसका हुआ और फिर वह विकसित नहीं हो सका। लेकिन मेरे देखे स्थिति उलटी है। ज्योतिष किसी सभ्यता के द्वारा बहुत बड़ा विकसित विज्ञान है, फिर वह सभ्यता खो गई और हमारे हाथ में ज्योतिष के अधूरे सूत्र रह गए। ज्योतिष कोई नया विज्ञान नहीं है जिसे विकसित होना है, बल्कि कोई विज्ञान है जो पूरी तरह विकसित हुआ था और फिर जिस सभ्यता ने उसे विकसित किया वह खो गई। और

सभ्यताएं रोज आती हैं और खो जाती हैं। फिर उनके द्वारा विकसित चीजें भी अपने मौलिक आधार खो देती हैं, सूत्र भूल जाते हैं, उनकी आधारशिलाएं खो जाती हैं।

विज्ञान आज इसे स्वीकार करने के निकट पहुंच रहा है कि जीवन प्रभावित होता है। और एक छोटे बच्चे के जन्म के समय उसके चित्त की स्थिति ठीक वैसी होती है जैसे बहुत सेंसिटिव फोटो प्लेट की। इस पर दो-तीन बातें और खयाल में ले लें, ताकि समझ में आ सके कि जीवन प्रभावित होता है। और अगर जीवन प्रभावित होता है तो ही ज्योतिष की कोई संभावना निर्मित होती है, अन्यथा निर्मित नहीं होती। जुड़वां बच्चों को समझने की थोड़ी कोशिश करें।

दो तरह के जुड़वां बच्चे होते हैं। एक तो जुड़वां बच्चे होते हैं जो एक ही अंडे से पैदा होते हैं। और दूसरे जुड़वां बच्चे होते हैं जो होते तो जुड़वां हैं लेकिन दो अंडों से पैदा होते हैं। मां के पेट में दो अंडे होते हैं, दो बच्चे पैदा होते हैं। कभी-कभी एक ही अंडा होता है और एक अंडे के भीतर दो बच्चे होते हैं। एक अंडे से जो दो बच्चे पैदा होते हैं वे बड़े महत्वपूर्ण हैं। क्योंकि उनके जन्म का क्षण बिलकुल एक होता है। दो अंडों से जो बच्चे पैदा होते हैं उन्हें जुड़वां हम कहते जरूर हैं, लेकिन उनके जन्म का क्षण एक नहीं होता।

और एक बात समझ लें कि जन्म दोहरी बात है। जन्म का पहला अर्थ तो है गर्भाधारण। ठीक जन्म तो उस दिन होता है जिस दिन मां के पेट में गर्भ आरोपित होता है—ठीक जन्म! जिसको आप जन्म कहते हैं वह नंबर दो का जन्म है जब बच्चा मां के पेट से बाहर आता है। अगर हमें ज्योतिष की पूरी खोज-बीन करनी हो—जैसे कि हिंदुओं ने की थी, अकेले हिंदुओं ने की थी और उसके बड़े उपयोग किए थे—तो असली सवाल यह नहीं है कि बच्चा कब पैदा होता है, असली सवाल यह है कि बच्चा कब गर्भ में प्रारंभ करता है अपनी यात्रा, गर्भ कब निर्मित होता है!

क्योंकि ठीक जन्म वही है। इसलिए हिंदुओं ने तो यह भी तय किया था कि ठीक जिस भांति के बच्चे को जन्म देना हो उस भांति के ग्रह-नक्षत्र में यदि संभोग किया जाए और गर्भाधारण हो जाए तो उस तरह का बच्चा पैदा होगा।

अब इसमें मैं थोड़ा पीछे आपको कुछ कहूंगा, क्योंकि इस संबंध में भी काफी काम इधर हुआ है और बहुत सी बातें साफ हुई हैं। साधारणतः हम सोचते हैं कि एक बच्चा सुबह छह बजे पैदा होता है, तो छह बजे पैदा होता है इसलिए छह बजे प्रभात में जो नक्षत्रों की स्थिति होती है उससे प्रभावित होता है। लेकिन ज्योतिष को जो गहरा जानते हैं वे कहते हैं कि वह छह बजे पैदा होने की वजह से ग्रह-नक्षत्र उस पर प्रभाव डालते हैं, ऐसा नहीं! वह जिस तरह के प्रभावों के बीच पैदा होना चाहता है उस घड़ी और नक्षत्र को जन्म के लिए चुनता है। यह बिलकुल भिन्न बात है। बच्चा जब पैदा हो रहा है, ज्योतिष की गहन खोज करने वाले लोग कहेंगे कि वह अपने ग्रह-नक्षत्र चुनता है कि कब उसे पैदा होना है।

और गहरे जाएंगे तो वह अपना गर्भाधारण भी चुनती है। प्रत्येक आत्मा अपना गर्भाधारण चुनती है कि कब उसे गर्भ स्वीकार करना है, किस क्षण में। क्षण छोटी घटना नहीं है। क्षण का अर्थ है कि पूरा विश्व उस क्षण में कैसा है! और उस क्षण में पूरा विश्व किस तरह की संभावनाओं के द्वार खोलता है!

जब एक अंडे में दो बच्चे एक साथ गर्भाधारण लेते हैं तो उनके गर्भाधारण का क्षण एक ही होता है और उनके जन्म का क्षण भी एक होता है। अब यह बहुत मजे की बात है कि एक ही अंडे से पैदा हुए दो बच्चों का जीवन इतना एक जैसा होता है, इतना एक जैसा होता है कि यह कहना मुश्किल है कि जन्म का क्षण प्रभाव नहीं डालता। एक अंडे से पैदा हुए दो बच्चे, उनका

आई.क्यू., उनका बुद्धि-माप करीब-करीब बराबर होता है। और जो थोड़ा सा भेद दिखता है, वे जो जानते हैं वे कहते हैं कि वह हमारी मेजरमेंट की गलती के कारण है। अभी तक हम ठीक मापदंड विकसित नहीं कर पाए हैं जिनसे हम बुद्धि का अंक नाप सकें। थोड़ा सा जो भेद कभी पड़ता है वह हमारे तराजू की भूल-चूक है।

अगर एक अंडे से पैदा हुए दो बच्चों को बिलकुल अलग-अलग पाला जाए तो भी उनके बुद्धि-अंक में कोई फर्क नहीं पड़ता। एक को हिंदुस्तान में पाला जाए और एक को चीन में पाला जाए और कभी एक-दूसरे को पता भी न चलने दिया जाए! ऐसी कुछ घटनाएं घटी हैं जब दोनों बच्चे अलग-अलग पले, बड़े हुए। लेकिन उनके बुद्धि-अंक में कोई फर्क नहीं पड़ता।

बड़ी हैरानी की बात है, बुद्धि-अंक तो ऐसी चीज है कि जन्म की पोटेंशियलिटी से जुड़ी है। लेकिन वह जो चीन में जुड़वां बच्चा है एक ही अंडे का, जब उसको जुकाम होगा, तब जो भारत में बच्चा है उसको भी जुकाम हो जाएगा। आमतौर से एक अंडे से पैदा हुए बच्चे एक ही साल में मरते हैं। ज्यादा से ज्यादा उनकी मृत्यु में फर्क तीन महीने का होता है और कम से कम तीन दिन का, पर वर्ष वही होता है। अब तक ऐसा नहीं हो सका कि एक ही अंडे से पैदा हुए दो बच्चों की मृत्यु के बीच वर्ष का फर्क पड़ा हो। तीन महीने से ज्यादा का फर्क नहीं पड़ता है। अगर एक बच्चा मर गया है तो हम मान सकते हैं कि तीन दिन के बाद और तीन महीने के बीच दूसरा बच्चा मर जाएगा। इनके रुझान, इनके ढंग, इनके भाव समानांतर होते हैं। और करीब-करीब ऐसा मालूम पड़ता है कि ये दोनों एक ही ढंग से जीते हैं। एक-दूसरे की कॉपी की भांति होते हैं। इनका इतना एक जैसा होना और बहुत सी बातों से सिद्ध होता है।

हम सबकी चमड़ियां अलग-अलग हैं, इंडिविजुअल हैं। अगर मेरा हाथ टूट जाए और मेरी

चमड़ी बदलनी पड़े तो आपकी चमड़ी मेरे हाथ के काम नहीं आएगी। मेरे ही शरीर की चमड़ी उखाड़ कर लगानी पड़ेगी। इस पूरी जमीन पर कोई आदमी नहीं खोजा जा सकता जिसकी चमड़ी मेरे काम आ जाए।

क्या बात है? फिजियोलाजिस्ट से हम पूछें कि दोनों की चमड़ी की बनावट में कोई भेद है? चमड़ी के रसायन में कोई भेद है? चमड़ी में जो तत्व निर्मित करते हैं चमड़ी को, उसमें कोई भेद है?

तो कोई भेद नहीं है! मेरी चमड़ी और दूसरे आदमी की चमड़ी को अगर हम रख दें एक वैज्ञानिक को जांच करने के लिए तो वह यह न बता पाएगा कि ये दो आदमियों की चमड़ियां हैं। चमड़ियों में कोई भेद नहीं है, लेकिन फिर भी हैरानी की बात है कि मेरी चमड़ी पर दूसरे की चमड़ी नहीं बिठाई जा सकती। मेरा शरीर उसे इनकार कर देता है। वैज्ञानिक जिसे नहीं पहचान पाते कि कोई भेद है, लेकिन मेरा शरीर पहचानता है। मेरा शरीर इनकार कर देता है कि इसे स्वीकार नहीं करेंगे।

हां, एक ही अंडे से पैदा हुए दो बच्चों की चमड़ी ट्रांसप्लांट हो सकती है सिर्फ! एक-दूसरे की चमड़ी को एक-दूसरे पर बिठाया जा सकता है, शरीर इनकार नहीं करेगा। क्या कारण होगा? क्या वजह होगी? अगर हम कहें, एक ही मां-बाप के बेटे हैं। तो दो भाई भी एक ही मां-बाप के हैं, उनकी चमड़ी नहीं बदली जा सकती। सिवाय इसके कि ये दोनों बेटे एक क्षण में निर्मित हुए हैं और कोई इनमें समानता नहीं है। क्योंकि उसी बाप और उसी मां से पैदा हुए दूसरे भाई भी हैं, उन पर चमड़ी काम नहीं करती है। उनकी चमड़ी एक-दूसरे पर नहीं बदली जा सकती। सिर्फ इनका बर्थ मोमेंट—बाकी तो सब एक है, वही मां-बाप हैं—सिर्फ एक बात बड़ी भिन्न है और वह है इनके जन्म का क्षण!

क्या जन्म का क्षण इतने महत्वपूर्ण रूप से प्रभावित करता है कि उम्र भी दोनों की करीब-करीब, बुद्धि-माप करीब-करीब, दोनों की चमड़ियों का ढंग एक सा, दोनों के शरीर के व्यवहार करने की बात एक सी, दोनों बीमार पड़ते हैं तो एक सी बीमारियों से, दोनों स्वस्थ होते हैं तो एक सी दवाओं से—क्या जन्म का क्षण इतना प्रभावी हो सकता है?

ज्योतिष कहता रहा है, इससे भी ज्यादा प्रभावी है जन्म का क्षण।

लेकिन आज तक ज्योतिष के लिए वैज्ञानिक सहमति नहीं थी। पर अब सहमति बढ़ती जाती है। इस सहमति में कई नये प्रयोग सहयोगी बने हैं। एक तो, जैसे ही हमने आर्टिफीशियल सैटेलाइट्स, हमने कृत्रिम उपग्रह अंतरिक्ष में छोड़े वैसे ही हमें पता चला कि सारे जगत से, सारे ग्रह-नक्षत्रों से, सारे ताराओं से निरंतर अनंत प्रकार की किरणों का जाल प्रवाहित होता है जो पृथ्वी पर टकराता है। और पृथ्वी पर कोई भी ऐसी चीज नहीं है जो उससे अप्रभावित छूट जाए।

हम जानते हैं कि चांद से समुद्र प्रभावित होता है। लेकिन हमें खयाल नहीं है कि समुद्र में पानी और नमक का जो अनुपात है वही आदमी के शरीर में पानी और नमक का अनुपात है—दि सेम प्रपोर्शन। और आदमी के शरीर में पैंसठ प्रतिशत पानी है; और नमक और पानी का वही अनुपात है जो अरब की खाड़ी में है। अगर समुद्र का पानी प्रभावित होता है चांद से तो आदमी के शरीर के भीतर का पानी क्यों प्रभावित नहीं होगा?

अभी इस संबंध में जो खोज-बीन हुई उसमें दो-तीन तथ्य खयाल में ले लेने जैसे हैं, वह यह कि पूर्णिमा के निकट आते-आते सारी दुनिया में पागलपन की संख्या बढ़ती है। अमावस के दिन दुनिया में सबसे कम लोग पागल होते हैं, पूर्णिमा के दिन सर्वाधिक। चांद के बढ़ने के साथ अनुपात पागलों का बढ़ना शुरू होता है। पूर्णिमा के दिन पागलखानों में सर्वाधिक लोग प्रवेश

करते हैं और अमावस के दिन पागलखानों से सर्वाधिक लोग बाहर जाते हैं। अब तो इसके स्टैटिस्टिक्स उपलब्ध हैं।

अंग्रेजी में शब्द है, 'लूनाटिक।' लूनाटिक का मतलब होता है : चांदमारा। लूनार! हिंदी में भी पागल के लिए 'चांदमारा' शब्द है। बहुत पुराना शब्द है। और 'लूनाटिक' भी कोई तीन हजार साल पुराना शब्द है। कोई तीन हजार साल पहले भी आदमियों को खयाल था कि चांद पागल के साथ कुछ न कुछ करता है।

लेकिन अगर पागल के साथ करता है तो गैर-पागल के साथ नहीं करता होगा? आखिर मस्तिष्क की बनावट, आदमी के शरीर के भीतर की संरचना तो एक जैसी है। हां, यह हो सकता है कि पागल पर थोड़ा ज्यादा करता होगा, गैर-पागल पर थोड़ा कम कर सकता होगा। यह मात्रा का भेद होगा। लेकिन ऐसा नहीं हो सकता कि गैर-पागल पर बिलकुल नहीं करता होगा। अगर ऐसा होगा तब तो कोई पागल कभी पागल न हो, क्योंकि सब गैर-पागल ही पागल होते हैं। पहले तो काम गैर-पागल पर ही करना पड़ता होगा चांद को।

प्रोफेसर ब्राउन ने एक अध्ययन किया है। वह खुद ज्योतिष में विश्वासी आदमी नहीं थे; अविश्वासी थे; और अपने पिछले लेखों में उन्होंने बहुत मजाक उड़ाई है। लेकिन पीछे उन्होंने सिर्फ खोज-बीन के लिए एक काम शुरू किया, कि मिलिटरी के बड़े-बड़े जनरल्स की उन्होंने जन्म-कुंडलियां इकट्ठी कीं—डॉक्टर्स की, अलग-अलग प्रोफेशंस की। बड़ी मुश्किल में पड़ गए इकट्ठी करके। क्योंकि पाया कि प्रत्येक प्रोफेशन के आदमी एक विशेष ग्रह में पैदा होते हैं, एक विशेष नक्षत्र-स्थिति में पैदा होते हैं।

जैसे जितने भी बड़े प्रसिद्ध जनरल्स हैं, मिलिटरी के सेनापति हैं, योद्धा हैं, उनके जीवन

में मंगल का भारी प्रभाव है। वही प्रभाव प्रोफेसर्स की जिंदगी में बिलकुल नहीं है। ब्राउन ने जो अध्ययन किया कोई पचास हजार व्यक्तियों का, जो भी सेनापति हैं उनके जीवन में मंगल का प्रभाव भारी है। आमतौर से जब वे पैदा होते हैं तब मंगल जन्म ले रहा होता है। उनके जन्म की घड़ी मंगल के जन्म की घड़ी होती है। ठीक उससे विपरीत जितने पैसिफिस्ट हैं दुनिया में, जितने शांतिवादी हैं, वे कभी मंगल के जन्म के साथ पैदा नहीं होते। एकाध मामले में यह संयोग हो सकता है, लेकिन लाखों मामलों में संयोग नहीं हो सकता। गणितज्ञ एक खास नक्षत्र में पैदा होते हैं, कवि उस नक्षत्र में कभी पैदा नहीं होते। कवि उस नक्षत्र में कभी पैदा नहीं होते! यह कभी एकाध के मामले में संयोग हो सकता है, लेकिन बड़े पैमाने पर संयोग नहीं हो सकता।

असल में कवि के ढंग और गणितज्ञ के ढंग में इतना भेद है कि उनके जन्म के क्षण में भेद होना ही चाहिए। ब्राउन ने कोई दस अलग-अलग व्यवसाय के लोगों का, जिनके बीच तीव्र फासले हैं, जैसे कवि है और गणितज्ञ है; या युद्धखोर सेनापति है और एक शांतिवादी बर्ट्रेंड रसल है; एक आदमी जो कहता है विश्व में शांति होनी चाहिए और एक आदमी नीत्शे जैसा, जो कहता है जिस दिन युद्ध न होंगे उस दिन दुनिया में कोई अर्थ न रह जाएगा; इनके बीच बौद्धिक विवाद ही है सिर्फ या नक्षत्रों का भी विवाद है? इनके बीच केवल बौद्धिक फासले हैं या इनकी जन्म की घड़ी भी हाथ बंटाती है?

जितना अध्ययन बढ़ता जाता है उतना ही पता चलता है कि प्रत्येक आदमी जन्म के साथ विशेष क्षमताओं की सूचना देता है। ज्योतिष के साधारण जानकार कहते हैं कि वह इसलिए ऐसा करता है क्योंकि वह विशेष नक्षत्रों की व्यवस्था में पैदा हुआ है। मैं आपसे कहना चाहता हूं कि वह विशेष नक्षत्रों में पैदा होने को उसने चुना। वह जैसा होना चाह सकता था, जो उसके होने की

आंतरिक संभावना थी, जो उसके पिछले जन्मों का पूरा का पूरा रूप था, जो उसकी संयोजित अर्जित चेतना थी, वह इस नक्षत्र में ही पैदा होगी।

हर बच्चा, हर आने वाला नया जीवन इनसिस्ट करता है अपनी घड़ी के लिए, अपनी घड़ी में ही पैदा होना चाहता है, अपनी ही घड़ी में गर्भाधान लेना चाहता है—दोनों अन्योन्याश्रित हैं, इंटर डिपेंडेंट हैं।

मैंने आपसे कहा कि जैसे समुद्र का पानी प्रभावित होता है, सारा जीवन पानी से निर्मित है। पानी के बिना कोई जीवन की संभावना नहीं है। इसलिए यूनान में पुराने दार्शनिक कहते थे, पानी से जीवन! या पुरानी भारतीय और चीनी और दूसरी दुनिया की माइथोलॉजिस भी कहती हैं, पानी से जीवन का जन्म! आज इवोल्यूशन को मानने वाले, विकास को मानने वाले वैज्ञानिक भी कहते हैं कि जीवन का जन्म पानी से है। शायद पहला जीवन काई, वह जो पानी पर जम जाती है, वही जीवन का पहला रूप है, फिर आदमी तक विकास। जो लोग पानी के ऊपर गहन शोध करते हैं, वे कहते हैं, पानी सर्वाधिक रहस्यमय तत्व है। और जगत से, अंतरिक्ष से तारों का जो भी प्रभाव आदमी तक पहुंचता है उसमें मीडियम, माध्यम पानी है। आदमी के शरीर के जल को ही प्रभावित करके कोई भी रेडिएशन, कोई भी विकीर्णन मनुष्य में प्रवेश करता है।

जल पर बहुत काम हो रहा है और जल के बहुत से मिस्टीरियस, रहस्यमय गुण खयाल में आ रहे हैं। सर्वाधिक रहस्यमय गुण तो जल का जो खयाल में अभी दस वर्षों में वैज्ञानिकों को आया है वह यह है कि सर्वाधिक संवेदनशीलता जल के पास है, सबसे ज्यादा सेंसिटिव है। और हमारे जीवन में चारों ओर से जो भी इनफ्लुएंस गति करता है भीतर वह जल को ही कंपित करके गति करता है। हमारा जल ही सबसे पहले प्रभावित होता है। और एक बार हमारा जल प्रभावित हुआ तो फिर हमारा प्रभावित होने से बचना बहुत कठिन हो जाएगा।

मां के पेट में बच्चा जब तैरता है, तब भी आप जान कर हैरान होंगे कि वह ठीक ऐसे ही तैरता है जैसे सागर के जल में। और मां के पेट में जिस जल में बच्चा तैरता है उसमें भी नमक का वही अनुपात होता है जो सागर के जल में है। और मां के शरीर से जो-जो प्रभाव बच्चे तक पहुंचते हैं उनमें कोई सीधा संबंध नहीं होता। यह जान कर आप हैरान होंगे कि मां और उसके पेट में बनने वाले गर्भ का कोई सीधा संबंध नहीं होता, दोनों के बीच में जल है और मां से जो भी प्रभाव पहुंचते हैं बच्चे तक वे जल के ही माध्यम से पहुंचते हैं। सीधा कोई संबंध नहीं होता। फिर जीवन भर भी हमारे शरीर में जल का वही काम है जो सागर में काम है।

सागर में बहुत सी मछलियों का अध्ययन किया गया है। ऐसी मछलियां हैं, जो जब सागर का पूर उतार पर होता है, जब सागर उतरता है, तभी सागर के तट पर आकर अंडे रख जाती हैं। सागर उतर रहा है वापस। मछलियां रेत में आएंगी सागर की लहरों पर सवार होकर, अंडे देंगी, सागर की लहरों पर वापस लौट जाएंगी। पंद्रह दिन में सागर की लहरें फिर उस जगह आएंगी, तब तक अंडे फूट कर उनके चूजे बाहर आ गए होंगे, आने वाली लहरें उन चूजों को वापस सागर में ले जाएंगी।

जिन वैज्ञानिकों ने इन मछलियों का अध्ययन किया है वे बड़े हैरान हुए हैं। क्योंकि मछलियां सदा ही उस समय अंडे देने आती हैं जब सागर का तूफान उतरता होता है। अगर वे चढ़ते तूफान में अंडे दे दें तो अंडे तो तूफान में बह जाएंगे। वे अंडे तभी देती हैं जब तूफान उतरता होता है, एक-एक स्टेप सागर की लहरें पीछे हटती जाती हैं। वे जहां अंडे देती हैं वहां लहर दुबारा नहीं आती फिर, नहीं तो लहर अंडे बहा ले जाएगी। वैज्ञानिक बहुत परेशान रहे हैं कि इन मछलियों को कैसे पता चलता है कि सागर अब उतरेगा? सागर के उतरने की घड़ी आ गई? क्योंकि जरा सी भी

भूल-चूक समय की, और अंडे तो सब बह जाएंगे! और उन्होंने भूल-चूक कभी नहीं की लाखों साल में, नहीं तो वे खत्म हो गई होतीं मछलियां। उन्होंने कभी भूल की ही नहीं।

पर इन मछलियों के पास क्या उपाय है जिनसे ये जान पाती हैं? इनके पास कौन सी इंद्रिय है जो इनको बताती है कि अब सागर उतरेगा? लाखों मछलियां एक क्षण में पूरे किनारे पर इकट्ठी हो जाएंगी। इनके पास जरूर कोई संकेत-लिपि, इनके पास कोई सूचना का यंत्र होना ही चाहिए। करोड़ों मछलियां दूर-दूर हजारों मील के सागर-तट पर इकट्ठी होकर अंडे रख जाएंगी एक खास घड़ी में।

जो अध्ययन करते हैं, वे कहते हैं कि चांद के अतिरिक्त और कोई उपाय नहीं है। चांद से इनको जो संवेदनाएं मिलती हैं, मछलियों को उन संवेदनाओं से पता चलता है कि कब उतार पर, कब चढ़ाव पर। चांद से जो उन्हें धक्के मिलते हैं, उन्हीं धक्कों के अतिरिक्त और कोई रास्ता नहीं है कि उनको पता चल जाए।

यह भी हो सकता है—कुछ का खयाल था—कि सागर की लहरों से ही कुछ पता चलता होगा। तो वैज्ञानिकों ने इन मछलियों को ऐसी जगह रखा जहां सागर की लहर ही नहीं है। झील पर रखा, अंधेरे कमरों में पानी में रखा। लेकिन बड़ी हैरानी की बात है। जब चांद ठीक घड़ी पर आया, और अंधेरे में बंद हैं मछलियां, उनको चांद का कोई पता नहीं, आकाश का कोई पता नहीं, जब चांद ठीक जगह पर आया, जब समुद्र की मछलियां जाकर तट पर अंडे देने लगीं, तब उन मछलियों ने पानी में ही अंडे दे दिए। उनका पानी में ही अंडे छोड़ देना—क्योंकि कोई तट नहीं, कोई किनारा नहीं, तब तो लहरों का कोई सवाल न रहा!

अगर कोई कहता हो कि दूसरी मछलियों को देख कर यह दौड़ पैदा हो जाती होगी। वह भी

सवाल न रहा। अकेली मछलियों को रख कर भी देखा। ठीक जब करोड़ों मछलियां सागर के तट पर आएंगी...। इनके दिमाग को सब तरह से गड़बड़ करने की कोशिश की मछलियों के। चौबीस घंटे अंधेरे में रखा, ताकि उन्हें पता न चले कि कब सुबह होती है, कब रात होती है। चौबीस घंटे उजाले में भी रख कर देखा, ताकि उनको पता ही न चले कि कब रात होती है। झूठे चांद की रोशनी पैदा करके देखी कि रोज रोशनी को कम करते जाओ, बढ़ाते जाओ। लेकिन मछलियों को धोखा नहीं दिया जा सका। ठीक चांद जब अपनी जगह पर आया तब मछलियों ने अंडे दे दिए। जहां भी थीं, वहीं उन्होंने अंडे दे दिए।

हजारों-लाखों पक्षी हर साल यात्रा करते हैं हजारों मील की। सर्दियां आने वाली हैं, बर्फ पड़ेगी, तो बर्फ के इलाके से पक्षी उड़ना शुरू हो जाएंगे। हजारों मील दूर किसी दूसरी जगह वे पड़ाव डालेंगे। वहां तक पहुंचने में अभी उन्हें दो महीने लगेंगे, महीना भर लगेगा। अभी बर्फ गिरनी शुरू नहीं हुई, महीने भर बाद गिरेगी। ये पक्षी कैसे हिसाब लगाते हैं कि अब महीने भर बाद बर्फ गिरेगी? क्योंकि अभी हमारी मौसम को बताने वाली जो वेधशालाएं हैं वे भी पक्की खबर नहीं दे पाती हैं। मैंने तो सुना है कि कुछ मौसम की खबर देने वाले लोग पहले ज्योतिषियों से पूछ जाते हैं सड़कों पर बैठे हुए कि आज क्या खयाल है—पानी गिरेगा कि नहीं?

आदमी ने अभी जो-जो व्यवस्था की है वह बचकानी मालूम पड़ती है। ये पक्षी एक-डेढ़ महीने, दो महीने पहले पता करते हैं कि अब बर्फ कब गिरेगी। और हजारों प्रयोग करके देख लिया गया है कि जिस दिन पक्षी उड़ते हैं, हर पक्षी की जाति का निश्चित दिन है। हर वर्ष बदल जाता है वह निश्चित दिन, क्योंकि बर्फ का कोई ठिकाना नहीं है। लेकिन हर पक्षी का तय है कि वह बर्फ गिरने के एक महीने पहले उड़ेगा, तो हर वर्ष वह एक महीने पहले उड़ता है। बर्फ दस दिन बाद

गिरे तो वह दस दिन बाद उड़ता है; बर्फ दस दिन पहले गिरे तो वह दस दिन पहले उड़ता है। यह बर्फ के गिरने का कुछ निश्चय तो नहीं है, ये पक्षी कैसे उड़ जाते हैं महीने भर पहले पता लगा कर?

जापान में एक चिड़िया होती है जो भूकंप आने के चौबीस घंटे पहले गांव खाली कर देती है। साधारण गांव की चिड़िया है। हर गांव में बहुत होती हैं। भूकंप आने के चौबीस घंटे पहले चिड़िया गांव खाली कर देती है। अभी भी वैज्ञानिक दो घंटे के पहले भूकंप का पता नहीं लगा पाते। और दो घंटे पहले भी अनसर्टेंटी होती है, पक्का नहीं होता है। सिर्फ प्रोबेबिलिटी होती है, संभावना होती है कि भूकंप हो सकता है। लेकिन चौबीस घंटे पहले! तो जापान में तो भूकंप का फौरन पता चल जाता है। जिस गांव से चिड़िया उड़ जाती है उस गांव के लोग समझ जाते हैं कि भाग जाओ। चौबीस घंटे का वक्त है, वह चिड़िया हट गई है, गांव में दिखाई नहीं पड़ती। इस चिड़िया को कैसे पता चलता होगा?

वैज्ञानिक अभी दस वर्षों में एक नई बात कह रहे हैं और वह यह कि प्रत्येक प्राणी के पास कोई ऐसी अंतर-इंद्रिय है जो जागतिक प्रभावों को अनुभव करती है। शायद मनुष्य के पास भी है, लेकिन मनुष्य ने अपनी बुद्धिमानी में उसे खोया है। मनुष्य अकेला प्राणी है जगत में जिसके पास बहुत सी चीजें हैं जो उसने बुद्धिमानी में खो दी हैं; और बहुत सी चीजें जो उसके पास नहीं थीं उसने बुद्धिमानी में उनको पैदा करके खतरा मोल ले लिया है। जो है उसे खो दिया है, जो नहीं है उसे बना लिया है।

लेकिन छोटे से छोटे प्राणी के पास भी कुछ संवेदना के अंतर-स्रोत हैं। और अब इसके लिए वैज्ञानिक आधार मिलने शुरू हो गए हैं कि अंतर-स्रोत हैं। ये अंतर-स्रोत इस बात की खबर

लाते हैं कि इस पृथ्वी पर जो जीवन है वह आइसोलेटेड नहीं है, वह सारे ब्रह्मांड से संयुक्त है। और कहीं भी कुछ घटना घटती है तो उसके परिणाम यहां होने शुरू हो जाते हैं।

जैसा मैं आपसे कह रहा था पैरासेलीसस के संबंध में, आधुनिक चिकित्सक भी इस नतीजे पर पहुंच रहे हैं कि जब भी सूर्य पर... सूर्य पर अनेक बार धब्बे प्रकट होते हैं। ऐसे भी सूर्य पर कुछ धब्बे, डाट्स, स्पाट्स होते हैं। कभी वे बढ़ जाते हैं, कभी वे कम हो जाते हैं। जब सूर्य पर स्पाट्स बढ़ जाते हैं तो जमीन पर बीमारियां बढ़ जाती हैं। और जब सूर्य पर स्पाट्स कम हो जाते हैं तो जमीन पर बीमारियां कम हो जाती हैं। और जमीन से हम बीमारियां कभी न मिटा सकेंगे, जब तक सूर्य के स्पाट्स कायम हैं।

हर ग्यारह वर्ष में सूरज पर भारी उत्पात होता है, बड़े विस्फोट होते हैं। और जब ग्यारह वर्ष में सूरज पर विस्फोट होते हैं और उत्पात होते हैं तो पृथ्वी पर युद्ध और उत्पात होते हैं। पृथ्वी पर युद्धों का जो क्रम है वह हर दस वर्ष का है। महामारियों का जो क्रम है वह दस और ग्यारह वर्ष के बीच का है। क्रांतियों का जो क्रम है वह दस और ग्यारह वर्ष के बीच का है।

एक बार खयाल में आना शुरू हो जाए कि हम अलग और पृथक नहीं हैं, संयुक्त हैं, आर्गेनिक हैं, तो फिर ज्योतिष को समझना आसान हो जाएगा। इसलिए मैं ये सारी बातें आपसे कह रहा हूं। कुछ आदमी को ऐसा खयाल पैदा हो गया था—अब भी है—कि ज्योतिष एक सुपरस्टीशन, एक अंधविश्वास है। बहुत दूर तक यह बात सच भी मालूम पड़ती है। असल में वही चीज अंधविश्वास मालूम पड़ने लगती है जिसके पीछे हम वैज्ञानिक कारण बताने में असमर्थ हो जाएं। वैसे ज्योतिष बहुत वैज्ञानिक है। और विज्ञान का अर्थ ही होता है कि कॉज़ और इफेक्ट के बीच, कार्य और कारण के बीच संबंध की तलाश!

ज्योतिष कहता यही है कि इस जगत में जो भी घटित होता है उसके कारण हैं। हमें ज्ञात न हों, यह हो सकता है। ज्योतिष यह कहता है कि भविष्य जो भी होगा वह अतीत से विच्छिन्न नहीं हो सकता, उससे जुड़ा हुआ होगा। आप कल जो भी होंगे वह आज का ही जोड़ होगा। आज तक आप जो हैं वह बीते हुए कल का जोड़ है। ज्योतिष बहुत वैज्ञानिक चिंतन है। वह यह कहता है कि भविष्य अतीत से ही निकलेगा। आपका आज कल से निकला है, आपका आने वाला कल आज से निकलेगा। और ज्योतिष यह भी कहता है कि जो कल होने वाला है वह किसी सूक्ष्म अर्थों में आज भी हो जाना चाहिए।

अब इसे थोड़ा समझें। अब्राहम लिंकन ने मरने के तीन दिन पहले एक सपना देखा, जिसमें उसने देखा कि उसकी हत्या कर दी गई है और व्हाइट हाउस के एक खास कमरे में उसकी लाश पड़ी हुई है। उसने नंबर भी कमरे का देखा। उसकी नींद खुल गई। वह हंसा, उसने अपनी पत्नी को कहा कि मैंने एक सपना देखा है कि मेरी हत्या कर दी गई है और फलां-फलां नंबर—उसी मकान में तो वह सोया हुआ है व्हाइट हाउस के—इस मकान के फलां नंबर के कमरे में मेरी लाश पड़ी है। मेरे सिरहाने तू खड़ी हुई है और आस-पास फलां-फलां लोग खड़े हुए हैं। हंसी हुई, बात हुई; लिंकन सो गया, पत्नी सो गई। तीन दिन बाद लिंकन की हत्या हुई और उसी नंबर के कमरे में और उसी जगह उसकी लाश तीन दिन बाद पड़ी थी और उसी क्रम में आदमी खड़े थे।

अगर तीन दिन बाद जो होने वाला है वह किसी अर्थों में आज ही न हो गया हो तो उसका सपना कैसे निर्मित हो सकता है? उसकी सपने में झलक भी कैसे मिल सकती है? सपने में झलक तो उसी बात की मिल सकती है जो किसी अर्थ में अभी भी कहीं मौजूद हो। तो हम उसकी एक ग्लिम्प्स, खिड़की खोलें और हमें दिखाई पड़ जाए। लेकिन खिड़की के बाहर मौजूद हो! लेकिन कहीं मौजूद हो।

ज्योतिष का मानना है कि भविष्य हमारा अज्ञान है इसलिए भविष्य है। अगर हमें ज्ञान हो तो भविष्य जैसी कोई घटना नहीं है। वह अभी भी कहीं मौजूद है।

महावीर के जीवन में एक घटना का उल्लेख है, और जिस पर एक बहुत बड़ा विवाद चला। और महावीर के सामने ही महावीर के अनुयायियों का एक वर्ग टूट गया। और पांच सौ महावीर के मुनियों ने अलग पंथ का निर्माण कर लिया उसी बात से।

महावीर कहते थे, जो हो रहा है वह एक अर्थ में हो ही गया। जो हो रहा है वह एक अर्थ में हो ही गया। अगर आप चल पड़े तो एक अर्थ में पहुंच ही गए। अगर आप बूढ़े हो रहे हैं तो एक अर्थ में बूढ़े हो ही गए। महावीर कहते थे, जो हो रहा है, जो क्रियामाण है, वह हो ही गया।

महावीर का एक शिष्य वर्षाकाल में महावीर से दूर था, बीमार था। उसने अपने एक शिष्य को कहा कि मेरे लिए चटाई बिछा दो। उसने चटाई बिछानी शुरू की। मुड़ी हुई, गोल लिपटी हुई चटाई को उसने थोड़ा सा खोला, तब महावीर के उस शिष्य को खयाल आया कि ठहरो, महावीर कहते हैं—जो हो रहा है वह हो ही गया! तू आधे में रुक जा! चटाई खुल तो रही है, लेकिन खुल नहीं गई—रुक जा! उसे अचानक खयाल हुआ कि यह तो महावीर बड़ी गलत बात कहते हैं। चटाई आधी खुली है, लेकिन खुल कहां गई! उसने चटाई वहीं रोक दी। वह लौट कर वर्षाकाल के बाद महावीर के पास आया और उसने कहा कि आप गलत कहते हैं कि जो हो रहा है वह हो ही गया! क्योंकि चटाई अभी भी आधी खुली रखी है—खुल रही थी, लेकिन खुल नहीं गई! तो मैं आपकी बात गलत सिद्ध करने आया हूं।

महावीर ने उससे जो कहा, वह नहीं समझ पाया होगा, क्योंकि वह बहुत बाल-बुद्धि का रहा होगा, अन्यथा ऐसी बात लेकर नहीं आता। महावीर ने कहा : तूने रोका, रोक ही रहा था, और रुक

ही गया! वह जो चटाई तू रोका, रोक रहा था, रुक गया! तूने सिर्फ चटाई रुकते देखी, एक और किं या भी साथ चल रही थी, वह हो गई! और फिर कब तक तेरी चटाई रुकी रहेगी? खुलनी शुरू हो गई है, खुल ही जाएगी। तू लौट कर जा! वह जब लौट कर गया तो देखा, एक आदमी खोल कर उस पर लेटा हुआ है। विश्राम कर रहा था। इस आदमी ने सब गड़बड़ कर दिया। पूरा सिद्धांत ही खराब कर दिया।

महावीर जब यह कहते थे कि जो हो रहा है वह हो ही गया, तो वे यह कहते थे, जो हो रहा है वह तो वर्तमान है, जो हो ही गया वह भविष्य है। कली खिल रही है–खिल ही गई–खिल ही जाएगी। वह फूल तो भविष्य में बनेगी, अभी तो खिल ही रही है, अभी तो कली ही है, लेकिन जब खिल ही रही है तो खिल जाएगी। उसका खिल जाना भी कहीं घटित हो गया।

अब इसे हम जरा और तरह से देखें, थोड़ा कठिन पड़ेगा।

हम सदा अतीत से देखते हैं। कली खिल रही है। हमारा जो चिंतन है, आमतौर से वह पास्ट ओरिएंटेड है, वह अतीत से बंधा है। कहते हैं, कली खिल रही है, फूल की तरफ जा रही है, कली फूल बनेगी। लेकिन इससे उलटा भी हो सकता है! यह ऐसा है जैसे मैं आपको पीछे से धक्का दे रहा हूं, आपको आगे सरका रहा हूं। ऐसा भी हो सकता है, कोई आपको आगे से खींच रहा है। गति दोनों तरह हो सकती है। मैं आपको पीछे से धक्का दे रहा हूं, आप आगे जा रहे हैं। ऐसा भी हो सकता है, कोई आपको आगे से खींच रहा है, पीछे से कोई धक्का नहीं दे रहा है, और आप आगे जा रहे हैं।

ज्योतिष का मानना है कि यह अधूरी दृष्टि है कि अतीत धक्का दे रहा है और भविष्य हो रहा है। पूरी दृष्टि यह है कि अतीत धक्का दे रहा है और भविष्य खींच रहा है। कली फूल बन रही है,

इतना ही नहीं; फूल कली को फूल बनने के लिए पुकार भी रहा है, खींच भी रहा है! अतीत पीछे है, भविष्य आगे है, अभी वर्तमान के क्षण में एक कली है। पूरा अतीत धक्का दे रहा है, खुल जाओ! पूरा भविष्य आवाहन दे रहा है, खुल जाओ! अतीत और भविष्य दोनों के दबाव में कली फूल बनेगी। अगर कोई भविष्य न हो तो अतीत अकेला फूल न बना पाएगा। क्योंकि भविष्य में अवकाश चाहिए फूल बनने के लिए। भविष्य में जगह चाहिए, स्पेस चाहिए। भविष्य स्थान दे तो ही कली फूल बन पाएगी।

अगर कोई भविष्य न हो तो अतीत कितना ही सिर मारे, कितना ही धकाए—मैं आपको पीछे से कितना ही धक्का दूं, लेकिन सामने एक दीवाल हो तो मैं आपको आगे न हटा पाऊंगा। आगे जगह चाहिए। मैं धक्का दूं और आगे की जगह आपको स्वीकार कर ले, आमंत्रण दे दे कि आ जाओ, अतिथि बना ले, तो ही मेरा धक्का सार्थक हो पाए। मेरे धक्के के लिए भविष्य में जगह चाहिए। अतीत काम करता है, भविष्य जगह देता है।

ज्योतिष की दृष्टि यह है कि अतीत पर खड़ी हुई दृष्टि अधूरी है, आधी वैज्ञानिक है! भविष्य पूरे वक्त पुकार रहा है, पूरे वक्त खींच रहा है। हमें पता नहीं है, हमें दिखाई नहीं पड़ता। यह हमारी आंख की कमजोरी है, यह हमारी दृष्टि की कमजोरी है। हम दूर नहीं देख पाते। हमें कल कुछ भी दिखाई नहीं पड़ता।

कृष्णमूर्ति की जन्म-कुंडली देखें कभी तो हैरान होंगे। अगर एनी बेसेंट ने और लीडबीटर ने फिकर की होती और कृष्णमूर्ति की जन्म-कुंडली देख ली होती तो भूल कर भी कृष्णमूर्ति के साथ मेहनत नहीं करनी चाहिए थी। क्योंकि जन्म-कुंडली में साफ है बात कि कृष्णमूर्ति जिस संगठन से संबंधित होंगे, उस संगठन को नष्ट करने वाले होंगे; जिस संस्था से संबंधित होंगे, उस संस्था को विसर्जित करवा देंगे; जिस संगठन के सदस्य बनेंगे, वह संगठन मर जाएगा।

लेकिन एनी बेसेंट भी मानने को तैयार नहीं होती। कोई सोच भी नहीं सकता था। लेकिन हुआ यही। थियोसाफी ने उन्हें खड़ा करने की कोशिश की। थियोसाफी को उनकी वजह से इतना धक्का लगा कि वह सदा के लिए मर गया आंदोलन। फिर एनी बेसेंट ने 'स्टार ऑफ दि ईस्ट' नाम की बड़ी संस्था खड़ी की। फिर एक दिन कृष्णमूर्ति उस संस्था को विसर्जित करके अलग हो गए। एनी बेसेंट ने पूरा जीवन उस संस्था को खड़ा करने में समर्पित किया और नष्ट किया अपने को।

लेकिन उसमें कृष्णमूर्ति का भी कुछ बहुत हाथ नहीं है। वे जिन नक्षत्रों की छाया में पैदा हुए हैं उन नक्षत्रों की सीधी सूचना है कि वे किसी संस्था में भी डिस्ट्रक्टिव सिद्ध होंगे। किसी भी संस्था के भीतर वे विघटनकारी सिद्ध होंगे।

भविष्य एकदम अनिश्चित नहीं है। हमारा ज्ञान अनिश्चित है। हमारा अज्ञान भारी है। भविष्य में हमें कुछ दिखाई नहीं पड़ता। हम अंधे हैं। भविष्य का हमें कुछ भी दिखाई नहीं पड़ता। नहीं दिखाई पड़ता है इसलिए हम कहते हैं कि निश्चित नहीं है। लेकिन भविष्य में दिखाई पड़ने लगे... और ज्योतिष भविष्य में देखने की प्रक्रिया है!

तो ज्योतिष सिर्फ इतनी ही बात नहीं है कि ग्रह-नक्षत्र क्या कहते हैं? उनकी गणना क्या कहती है? यह तो सिर्फ ज्योतिष का एक डाइमेन्शन, एक आयाम है। फिर भविष्य को जानने के और आयाम भी हैं। मनुष्य के हाथ पर खिंची हुई रेखाएं हैं, मनुष्य के माथे पर खिंची हुई रेखाएं हैं, मनुष्य के पैर पर खिंची हुई रेखाएं हैं। पर ये भी बहुत ऊपरी हैं। मनुष्य के शरीर में छिपे हुए चक्र हैं उन सब चक्रों का अलग-अलग संवेदन है। उन सब चक्रों की प्रतिपल अलग-अलग गति है, फ्रीक्वेंसी है। उनकी जांच है। मनुष्य के पास छिपा हुआ अतीत का पूरा संस्कार-बीज है।

रान हुब्बार्ड ने एक नया शब्द और एक नई खोज पश्चिम में शुरू की है। पूरब के लिए तो बहुत पुरानी है। वह खोज है : टाइम ट्रेक। हुब्बार्ड का खयाल है कि प्रत्येक व्यक्ति जहां भी जीया है—इस पृथ्वी पर या कहीं और किसी ग्रह पर, आदमी की तरह या जानवर की तरह या पौधे की तरह या पत्थर की तरह—आदमी जहां भी जीया है अनंत यात्रा में, वह पूरा का पूरा टाइम ट्रेक, समय की पूरी की पूरी धारा उसके भीतर अभी भी संरक्षित है। और वह धारा खोली जा सकती है। और उस धारा में आदमी को पुनः प्रवाहित किया जा सकता है।

हुब्बार्ड की खोजों में यह खोज बड़ी कीमत की है। इस टाइम ट्रेक पर हुब्बार्ड ने कहा है कि आदमी के भीतर इनग्रेंस है। एक तो हमारे पास स्मृति है जिसमें हम याद रखते हैं कि कल क्या हुआ, परसों क्या हुआ। यह स्मृति कामचलाऊ है, यह रोजमर्रा की है। जैसे हर आदमी दुकान पर या आफिस में रोजमर्रा की बही रखता है। वह कामचलाऊ होती है। वह रोज बेकार हो जाती है। वह असली नहीं है। वह स्थायी भी नहीं है। यह हमारी कामचलाऊ की स्मृति है जिसमें हम रोज काम करते हैं, फिर रोज फेंक देते हैं। पर इससे गहरी एक स्मृति है जो कामचलाऊ नहीं है, जिसमें हमारे जीवन के समस्त अनुभवों का सार, अनंत-अनंत जीवन-पथों पर लिए गए अनुभवों का सार इकट्ठा है।

उसे हुब्बार्ड ने इनग्रेन कहा है। वह हमारे भीतर इनग्रेंड हो गई है। वह भीतर गहरे में दबी हुई पड़ी है पूरी की पूरी। जैसे कि एक टेप बंद आपके खीसे में पड़ा हो। उसे खोला जा सकता है। और जब उसे खोला जाता है तो महावीर उसको कहते थे जाति-स्मरण, हुब्बार्ड कहता है टाइम ट्रेक—पीछे लौटना समय में। जब उसे खोला जाता है तो ऐसा नहीं होता कि आपको अनुभव हो कि आप रिमेंबर कर रहे हैं। ऐसा नहीं होता है कि आप याद कर रहे हैं। यू री-लिव! जब वह खुलती है, जब टाइम ट्रेक खुलता है, तो आपको ऐसा अनुभव नहीं होता कि मुझे याद आ रहा है! न, आप पुनः जीते हैं।

समझ लें, अगर टाइम ट्रेक आपका खोला जाए, जो कि खोलना बहुत कठिन नहीं है, और ज्योतिष उसके बिना अधूरा है। तो ज्योतिष की बहुत गहनतम जो पकड़ है वह तो आपके अतीत को खोलने की है, क्योंकि आपका अतीत अगर पूरा पता चल जाए तो आपका पूरा भविष्य पता चलता है। क्योंकि आपका भविष्य आपके अतीत से जन्मेगा। आपके भविष्य को आपके अतीत को जाने बिना नहीं जाना जा सकता। क्योंकि आपका भविष्य आपके अतीत का बेटा होने वाला है, उसी से पैदा होगा। तो पहले तो आपके अतीत की पूरी स्मृति-रेखा को खोलना पड़े।

अगर आपकी स्मृति-रेखा को खोल दिया जाए—जिसकी प्रक्रियाएं हैं और विधियां हैं—तो आप अगर समझ लें कि आपको याद आ रहा है कि आप छह वर्ष के बच्चे हैं और आपके पिता ने चांटा मारा है। तो आपको ऐसा याद नहीं आएगा कि आपको याद आ रहा है कि आप छह वर्ष के बच्चे हैं और पिता चांटा मार रहे हैं; यू विल री-लिव इट। आप इसको पुनः जीएंगे। और जब आप इसको जी रहे होंगे, अगर उस वक्त मैं आपको पूछूं कि तुम्हारा नाम? तो आप कहेंगे, बबलू। आप नहीं कहेंगे, पुरुषोत्तमदास। छह वर्ष का बच्चा उत्तर देगा। आप री-लिव कर रहे हैं उस वक्त, आप स्मरण नहीं कर रहे हैं, पुरुषोत्तमदास स्मरण नहीं कर रहे हैं कि जब मैं छह वर्ष का था। न, पुरुषोत्तमदास छह वर्ष के हो गए हैं! वे कहेंगे, बबलू! उस वक्त वे जो जवाब देंगे वह छह वर्ष का बच्चा बोलेगा।

अगर आपको पिछले जन्म में ले जाया गया है और आप याद कर रहे हैं कि आप एक सिंह हैं, तो अगर उस वक्त आपको छेड़ दिया जाए तो आप बिलकुल सिंह की तरह गर्जना कर पड़ेंगे। आप आदमी की तरह नहीं बोलेंगे। हो सकता है आप नाखून-पंजों से हमला बोल दें। अगर आप याद कर रहे हैं कि आप एक पत्थर हैं और आपसे कुछ पूछा जाए, तो आप बिलकुल मौन रह जाएंगे, आप बोल नहीं सकेंगे। आप पत्थर की तरह ही रह जाएंगे।

हुब्बार्ड ने हजारों लोगों की सहायता की है। जैसे एक आदमी है जो ठीक से नहीं बोल पाता, तो हुब्बार्ड का कहना है कि वह बचपन की किसी स्मृति पर स्टक हो गया, उसके आगे नहीं बढ़ पाया। तो वह उसके टाइम ट्रेक पर उसको वापस ले जाएगा। उसके इनग्रेन को तोड़ेगा और जब वह छह वर्ष का हो जाएगा, जहां रुक गई थी, जहां से वह आगे नहीं बढ़ा, फिर वह वहां वापस पहुंच जाएगा, टूट जाएगी धारा, वह आदमी वापस लौट आएगा। तब वह तीस साल का हो जाएगा। वह जो बीच में फासला था चौबीस साल का, वह उसको पार कर लेगा। और हैरानी की बात है कि हजारों दवाइयां उस आदमी को बोलने में समर्थ नहीं बना पाई थीं, लेकिन यह टाइम ट्रेक पर लौट कर जाना और पुनः वापस लौट आना, वह आदमी बोलने में समर्थ हो जाएगा!

आपको बहुत दफे जो बीमारियां आती हैं, वे केवल टाइम ट्रेक की वजह से आती हैं। बहुत सी बीमारियां हैं, जैसे दमा। दमा के मरीज की तारीख भी तय रहती है। हर साल ठीक वक्त पर ठीक तारीख पर उसका दमा लौट आता है। और इसलिए दमा के लिए कोई चिकित्सा नहीं हो पाती। क्योंकि दमा असल में शरीर की बीमारी नहीं है, टाइम ट्रेक की बीमारी है, कहीं स्टक हो गई, कहीं मेमोरी अटक गई है। और जब फिर वही आदमी उस समय को स्मरण कर लेता है—बारह तारीख, वर्षा का दिन—उसको बारह तारीख आई, वर्षा का दिन आया, अब वह तैयारी कर रहा है, अब वह घबड़ा रहा है कि अब होने वाला है।

आप हैरान होंगे कि इस बार उसको जो दमा होगा, ही इज़ री-लिविंग। वह दमा नहीं है; वह सिर्फ पिछले साल की बारह तारीख को री-लिव कर रहा है। मगर अब उसका आप इलाज करेंगे, आप उसको झंझट में डाल रहे हैं। उसका इलाज करने से कोई मतलब नहीं है। क्योंकि

वह एक साल पहले वाला आदमी अब है ही नहीं जिसका इलाज किया जा सके। आप दवाएं बेकार खो रहे हैं, क्योंकि दवाएं उस आदमी में जा रही हैं जो अभी है और बीमार वह आदमी है जो एक साल पहले था। इन दोनों के बीच कोई तारतम्य नहीं है, कोई संबंध नहीं है। आपकी हर दवा की असफलता उसके दमा को मजबूत कर जाएगी और कह जाएगी कि कुछ नहीं होने वाला है। वह अगले साल की तैयारी फिर कर रहा है। सौ में से सत्तर बीमारियां टाइम ट्रेक पर घटित हो गई, पकड़ गई, जकड़ गई बातें हैं, जो हम लौट-लौट कर जी लेते हैं।

ज्योतिष सिर्फ नक्षत्रों का अध्ययन नहीं है। वह तो है ही! तो वह तो हम बात करेंगे। साथ ही ज्योतिष और अलग-अलग आयामों से मनुष्य के भविष्य को टटोलने की चेष्टा है कि वह भविष्य कैसे पकड़ा जा सके। उसे पकड़ने के लिए अतीत को पकड़ना जरूरी है। उसे पकड़ने के लिए अतीत के जो चिह्न आपके शरीर पर और आपके मन पर छूट गए हैं, उन्हें पहचानना जरूरी है।

आपके शरीर पर भी चिह्न हैं, आपके मन पर भी चिह्न हैं। और जब से ज्योतिषी शरीर के चिह्नों पर बहुत अटक गए हैं तब से ज्योतिष की गहराई खो गई। क्योंकि शरीर के चिह्न बहुत ऊपरी हैं। आपके हाथ की रेखा तो आपके मन के बदलने से इसी वक्त भी बदल सकती है। आपकी जो आयु की रेखा है, अगर आपको भरोसा दिलवा दिया जाए हिप्नोटाइज करके कि आप पंद्रह दिन बाद मर जाओगे, और आपको पंद्रह दिन तक रोज बेहोश करके यह भरोसा पक्का बिठा दिया जाए कि आप पंद्रह दिन बाद मर जाओगे, आप चाहे मरो या न मरो, आपकी उम्र की रेखा पंद्रह दिन के समय पर पहुंच कर टूट जाएगी। आपकी उम्र की रेखा में गैप आ जाएगा। शरीर स्वीकार कर लेगा कि ठीक है, मौत आती है।

शरीर पर जो रेखाएं हैं वे तो बहुत ऊपरी घटनाएं हैं; भीतर गहरे में मन है। और जिस मन को आप जानते हैं वही गहरे में नहीं है, वह तो बहुत ऊपर है; बहुत गहरे में तो वह मन है जिसका आपको पता नहीं है। इस शरीर में भी गहरे में जो चक्र हैं, जिनको योग चक्र कहता है, वे चक्र आपकी जन्मों-जन्मों की संपदा का संगृहीत रूप है। आपके चक्र पर हाथ रख कर जो जानता है वह जान सकता है कि कितनी गति है उस चक्र की। आपके सातों चक्रों को छूकर जाना जा सकता है कि आपने कुछ अनुभव किए हैं कभी या नहीं।

अब मैं सैकड़ों लोगों के चक्रों पर प्रयोग किया हूं। तो मैं हैरान हुआ कि एकाध या ज्यादा से ज्यादा दो चक्रों के सिवाय आमतौर से तीसरा चक्र शुरू ही नहीं होता, वह गति ही नहीं की है उसने कभी, वह बंद ही पड़ा है। उसका कभी आपने उपयोग ही नहीं किया।

तो वह आपका अतीत है। उसे जान कर अगर एक आदमी मेरे पास आए और मैं देखूं कि उसके सातों चक्र चल रहे हैं, तो उससे कहा जा सकता है कि यह तुम्हारा अंतिम जीवन है, अगला जीवन नहीं होगा। क्योंकि सात चक्र चल गए हों तो अगले जीवन का अब कोई उपाय नहीं है। इस जीवन में निर्वाण हो जाएगा, मुक्ति हो जाएगी।

महावीर के पास कोई आता तो वे फिकर करते इस बात की कि उस आदमी के कितने चक्र चल रहे हैं? उसके साथ कितनी मेहनत करनी उचित है, क्या हो सकेगा उसके साथ? मेहनत करने का कोई परिणाम होगा या नहीं होगा? या कब हो पाएगा? या कितने जन्म लगेंगे?

भविष्य को टटोलने की चेष्टा है ज्योतिष—अनेक-अनेक मार्गों से। उनमें एक मार्ग, जो सर्वाधिक प्रचलित हुआ, वह ग्रह-नक्षत्रों का प्रभाव मनुष्य के ऊपर। उसके लिए वैज्ञानिक आधार रोज-रोज मिलते चले जाते हैं। इतना तय हो गया है कि जीवन प्रभावित है। और जीवन अप्रभावित नहीं हो सकता है।

दूसरी बात ही कठिनाई की रह गई है: क्या व्यक्तिगत रूप से? एक-एक इंडिविजुअल प्रभावित है? यह जरा चिंता वैज्ञानिकों को लगती है कि एक-एक व्यक्ति? तीन अरब, साढ़े तीन अरब, चार अरब आदमी हैं जमीन पर, क्या एक-एक आदमी अलग-अलग ढंग से?

लेकिन उनको कहना चाहिए, यह इतनी परेशानी की बात क्या है! अगर प्रकृति एक-एक आदमी को अलग-अलग ढंग का अंगूठा दे सकती है इंडिविजुअल, और रिपीट नहीं करती। इतनी बारीकी से हिसाब रख सकती है प्रकृति कि एक-एक आदमी को जो अंगूठा देती है, वह इंडिविजुअल, कि उसकी छाप किसी दूसरे आदमी की छाप फिर कभी नहीं होती। अभी ही नहीं, कभी नहीं होती! जमीन पर अरबों आदमी रहे हैं और अरबों आदमी रहेंगे, लेकिन मेरे अंगूठे की जो छाप है वह दुबारा फिर नहीं होगी।

आप हैरान होंगे कि मैंने एक अंडे के दो जुड़वां बच्चों की बात कही। उनके भी दोनों अंगूठे एक नहीं होते। उनके भी दोनों अंगूठों की छाप अलग होती है। अगर प्रकृति एक-एक आदमी को इतना व्यक्तित्व दे पाती है कि अंगूठे जैसी बेकार चीज को, हम सबको जो बेकार ही है, कुछ खास प्रयोजन का नहीं मालूम पड़ता, उसको इतनी विशिष्टता दे पाती है, तो एक-एक व्यक्ति को आत्मा और जीवन विशिष्ट न दे पाए, कोई कारण नहीं मालूम होता।

पर विज्ञान बहुत धीमी गति से चलता है। और ठीक है, वैज्ञानिक होने के लिए उतनी धीमी गति ठीक है। जब तक तथ्य पूरी तरह सिद्ध न हो जाएं तब तक इंच भी आगे सरकना उचित नहीं है। प्रोफेट्स, पैगंबर तो छलांगें भर लेते हैं। वे हजारों-लाखों साल बाद जो तय होगी, उसको कह देते हैं। विज्ञान तो एक-एक इंच सरकता है। और प्राइमरी स्कूल के बच्चे के दिमाग में जो बात आ सके, वही बात! वह बात नहीं जो कि प्रोफेट्स और विज़नरीज़, सपने देखने वाले लोग जो

दूर-दूर की चीजें देख लेते हैं उनकी समझ में आ सके, उतनी बात। नहीं, उससे विज्ञान का उतना प्रयोजन नहीं है।

ज्योतिष मूलतः चूंकि भविष्य की तलाश है, और विज्ञान चूंकि मूलतः अतीत की तलाश है। विज्ञान इसी बात की खोज है कि कॉज़ क्या है, कारण क्या है? और ज्योतिष इसी बात की खोज है कि इफेक्ट क्या होगा, परिणाम क्या होगा? इन दोनों के बीच बड़ा भेद है। लेकिन फिर भी विज्ञान को रोज-रोज अनुभव होता है, और कुछ बातें जो अनहोनी लगती थीं, लगती थीं कभी सही नहीं हो सकतीं, वे सही होती हुई मालूम पड़ती हैं।

जैसा मैंने पीछे आपको कहा, अब वैज्ञानिक इसको स्वीकार कर लिए हैं कि प्रत्येक व्यक्ति अपने जन्म के साथ बिल्ट-इन अपना व्यक्तित्व लेकर पैदा होता है। इसको पहले वे नहीं मानने को राजी थे। ज्योतिष इसे सदा से कहता रहा है। जैसे समझें एक बीज है, आम का बीज है। आम के बीज के भीतर किसी न किसी रूप में, जब हम आम के बीज को बो देंगे तो जो वृक्ष पैदा होता है, उसका बिल्ट-इन प्रोग्राम होना चाहिए, उसका ब्लू-प्रिंट होना चाहिए। नहीं तो यह आम का बीज बेचारा, न कोई विशेषज्ञों की सलाह लेता है, न किसी युनिवर्सिटी में शिक्षा पाता है, यह आम के वृक्ष को कैसे पैदा कर लेता है! फिर इसमें वैसे ही पत्ते लग जाते हैं, फिर इसमें वैसे ही आम लग जाते हैं। इस बीज की गुठली के भीतर छिपा हुआ कोई पूरा का पूरा प्रोग्राम चाहिए। नहीं तो बिना प्रोग्राम के यह बीज क्या कर पाएगा? इसके भीतर सब मौजूद चाहिए। जो भी वृक्ष में होगा वह कहीं न कहीं छिपा ही होना चाहिए। हमें दिखाई नहीं पड़ता, काट-पीट कर हम देख लेते हैं, कहीं दिखाई नहीं पड़ता। लेकिन होना तो चाहिए ही। अन्यथा आम के बीज से फिर नीम निकल सकती थी। भूल-चूक हो जाती। लेकिन कभी

भूल होती नहीं दिखाई पड़ती। वह आम ही निकल आता है। सब रिपीट हो जाता है, फिर वही पुनरुक्त कर जाता है।

इस छोटे से बीज में अगर सारी की सारी सूचनाएं छिपी हुई नहीं हैं कि इस बीज को क्या करना है—कैसे अंकुरित होना है, कैसे पत्ते, कैसी शाखाएं, कितना बड़ा वृक्ष, कितनी उम्र का वृक्ष, कितना ऊंचा उठेगा—यह सब इसमें छिपा होना चाहिए। कितने फल लगेंगे, कितने मीठे होंगे, पकेंगे कि नहीं पकेंगे—यह सब इसके भीतर छिपा होना चाहिए। अगर आम के बीज के भीतर यह सब छिपा है तो आप जब मां के पेट में आते हैं तो आपके बीज में सब छिपा नहीं होगा?

अब वैज्ञानिक स्वीकार करते हैं कि आंख का रंग छिपा होगा, बाल का रंग छिपा होगा, शरीर की ऊंचाई छिपी होगी, स्वास्थ्य-अस्वास्थ्य की संभावनाएं छिपी होंगी, बुद्धि का अंक छिपा होगा। क्योंकि इसके सिवाय कोई उपाय नहीं है कि आप विकसित कैसे होंगे; आपके पास प्रोग्राम चाहिए। कोई हड्डी कैसे हाथ बन जाएगी, कोई हड्डी कैसे पैर बन जाएगी! चमड़ी का एक हिस्सा आंख बन जाएगा, एक कान बन जाएगा। एक हड्डी सुनने लगेगी, एक हड्डी देखने लगेगी। यह सब कैसे होगा?

वैज्ञानिक पहले कहते थे, सब संयोग है। लेकिन 'संयोग' शब्द बहुत अवैज्ञानिक मालूम पड़ता है। संयोग का मतलब है चांस। तो फिर कभी पैर देखने लगे और कभी हाथ सुनने लगे। पर इतना संयोग नहीं मालूम पड़ता! इतना व्यवस्थित मालूम पड़ता है! ज्योतिष ज्यादा वैज्ञानिक बात कहता है। ज्योतिष कहता है कि सब बीज को उपलब्ध है। हम अगर बीज को पढ़ पाएं, अगर हम डिकोड कर पाएं, अगर हम बीज से पूछ सकें कि तेरे इरादे क्या हैं, तो हम आदमी के बाबत घोषणाएं कर सकते हैं!

वृक्षों के बाबत तो वैज्ञानिक घोषणा करने लगे हैं। बीस साल में आदमी के बाबत बहुत सी घोषणाएं वे करने लगेंगे। और अब तक हम सब समझते रहे कि सुपरस्टीटस है ज्योतिष, अगर घोषणा विज्ञान करेगा तो वह ज्योतिष हो जाएगा। विज्ञान घोषणा करने लगेगा।

बहुत पुराने ज्योतिषी, ज्योतिष का पुराने से पुराना इजिप्शियन एक ग्रंथ है, जिसको पाइथागोरस ने पढ़ कर और यूनान में ज्योतिष को पहुंचाया। वह ग्रंथ कहता है : काश, हम सब जान सकें, तो भविष्य बिलकुल नहीं है। चूंकि हम सब नहीं जानते, कुछ ही जानते हैं, इसलिए जो हम नहीं जानते, वह भविष्य बन जाता है। हमें कहना पड़ता है, शायद ऐसा हो! क्योंकि बहुत कुछ है जो अनजाना है। अगर सब जाना हुआ हो तो हम कह सकते हैं, ऐसा ही होगा। फिर इसमें रत्ती भर फर्क नहीं होगा।

आदमी के बीज में भी अगर सब छिपा है... आज मैं जो बोल रहा हूं, किसी न किसी रूप में मेरे बीज में यह संभावना होनी चाहिए थी। अन्यथा मैं यह कैसे बोलता? अगर किसी दिन यह संभावना हो सकी और हम आदमी के बीज को देख सके, तो मेरे बीज को देख कर, मैं क्या बोल सकूंगा जीवन में, उसकी घोषणा की जा सकती थी। क्या हो सकूंगा, क्या नहीं हो सकूंगा, क्या बनूंगा, क्या नहीं बनूंगा, क्या घटित होगा, उस सबकी सूचना हो सकती थी। कोई आश्चर्य नहीं है कि हम आज नहीं कल आदमी के बीज में झांकने में समर्थ हो जाएं।

जन्म-कुंडली या होरोस्कोप उसका ही टटोलना है। हजारों वर्ष से हमारी कोशिश यही है कि जो बच्चा पैदा हो रहा है वह क्या हो सकेगा? हमें कुछ तो अंदाज मिल जाए! तो शायद हम उसे सुविधा दे पाएं। शायद हम उससे आशाएं बांध पाएं। जो होने वाला है, उसके साथ हम राजी हो जाएं।

मुल्ला नसरुद्दीन ने अपने जीवन के अंत में कहा है कि मैं सदा दुखी था; फिर एक दिन मैं अचानक सुखी हो गया। गांव भर के लोग चकित हो गए कि जो आदमी सदा दुखी था और जो आदमी सदा हर चीज का अंधेरा पहलू देखता था, वह अचानक प्रसन्न कैसे हो गया! जो हमेशा पेसिमिस्ट था, जो हमेशा देखता था कि कांटे कहां-कहां हैं!

एक बार नसरुद्दीन के बगीचे में बहुत अच्छी फसल आ गई। सेव बहुत लगे, ऐसे कि वृक्ष लद गए! तो पड़ोस के एक आदमी ने पूछा—सोचा उसने कि अब तो नसरुद्दीन कोई शिकायत न कर सकेगा—कहा कि इस बार तो फसल ऐसी है कि सोना बरस जाएगा, क्या खयाल है नसरुद्दीन! नसरुद्दीन ने बड़ी उदासी से कहा कि और सब तो ठीक है, लेकिन जानवरों को खिलाने के लिए सड़े सेव कहां से लाओगे? उदास बैठा है वह। जानवरों को खिलाने के लिए सड़े सेव कहां से लाओगे? सब सेव अच्छे हैं, कोई सड़ा हुआ ही नहीं! एक मुसीबत है।

वह आदमी एक दिन अचानक प्रसन्न हो गया तो गांव के लोगों को हैरानी हुई। गांव के लोगों ने पूछा कि तुम प्रसन्न! क्या राज है? तो नसरुद्दीन ने कहा : आई हैव लर्न्ट टु कोआपरेट विद दि इनएवीटेबल। वह जो अनिवार्य है, उसके साथ सहयोग करना सीख गया। बहुत दिन लड़ कर देख लिया। अब मैंने यह तय कर लिया है कि जो होना है, होना है! अब मैं सहयोग करता हूं इनएवीटेबल के साथ। वह जो अनिवार्य है उसके साथ अब मैं सहयोग करता हूं। अब दुख का कोई कारण न रहा। अब मैं सुखी हूं।

ज्योतिष बहुत बातों की खोज थी। उसमें जो अनिवार्य है, उसके साथ सहयोग। वह जो होने ही वाला है, उसके साथ व्यर्थ का संघर्ष नहीं। जो नहीं होने वाला है, उसकी व्यर्थ की मांग नहीं,

उसकी आकांक्षा नहीं! ज्योतिष मनुष्य को धार्मिक बनाने के लिए, तथाता में ले जाने के लिए, परम स्वीकार में ले जाने के लिए उपाय था। उसके बहु आयाम हैं।

तो हम धीरे-धीरे एक-एक आयाम पर बात करेंगे। आज तो इतनी बात, कि जगत एक जीवंत शरीर है, आर्गेनिक यूनिटी है। उसमें कुछ भी अलग-अलग नहीं है; सब संयुक्त है। दूर से दूर जो है वह भी निकट से निकट से जुड़ा है; अजुड़ा कुछ भी नहीं है। इसलिए कोई इस भ्रांति में न रहे कि वह आइसोलेटेड आइलैंड है। कोई इस भ्रांति में न रहे कि कोई एक द्वीप है छोटा सा अलग-थलग।

नहीं, कोई अलग-थलग नहीं है, सब संयुक्त है। और हम पूरे समय एक-दूसरे को प्रभावित कर रहे हैं और एक-दूसरे से प्रभावित हो रहे हैं। सड़क पर पड़ा हुआ पत्थर भी, जब आप उसके पास से गुजरते हैं तो आपकी तरफ अपनी किरणें फेंक रहा है। फूल भी फेंक रहा है। और आप भी ऐसे ही नहीं गुजर रहे हैं, आप भी अपनी किरणें फेंक रहे हैं। मैंने कहा कि चांद-तारों से हम प्रभावित होते हैं। ज्योतिष का दूसरा और गहरा खयाल है कि चांद-तारे भी हमसे प्रभावित होते हैं। क्योंकि प्रभाव कभी भी एकतरफा नहीं होता। जब कभी बुद्ध जैसा आदमी जमीन पर पैदा होता है तो चांद यह न सोचे कि चांद पर उनकी, बुद्ध की, वजह से कोई तूफान नहीं उठते, कि बुद्ध की वजह से चांद पर कोई तूफान शांत नहीं होते! अगर सूरज पर धब्बे आते हैं और सूरज पर अगर तूफान उठते हैं और जमीन पर बीमारियां फैल जाती हैं, तो जब जमीन पर बुद्ध जैसे व्यक्ति पैदा होते हैं और शांति की धारा बहती है और ध्यान का गहन रूप पृथ्वी पर पैदा होता है तो सूरज पर भी तूफान फैलने में कठिनाई होती है। सब संयुक्त है!

एक छोटा सा घास का तिनका भी सूरज को प्रभावित करता है और सूरज भी घास के

तिनके को प्रभावित करता है। न तो घास का तिनका इतना छोटा है कि सूरज कहे कि तेरी हम फिकर नहीं करते और न सूरज इतना बड़ा है कि यह कह सके कि घास का तिनका मेरे लिए क्या कर सकता है। जीवन संयुक्त है! यहां छोटा-बड़ा कोई भी नहीं है, एक आर्गेनिक यूनिटी है—एकात्म है। इस एकात्म का बोध अगर आए खयाल में तो ही ज्योतिष समझ में आ सकता है, अन्यथा ज्योतिष समझ में नहीं आ सकता।

तो एक तो मैंने यह बात आज कही, कल और आयामों पर हम धीरे-धीरे बात करेंगे।

दूसरा प्रवचन

ज्योतिष अर्थात अध्यात्म

सूर्य के संबंध में कुछ बातें जान लेनी जरूरी हैं। सबसे पहली तो यह बात जान लेनी जरूरी है कि वैज्ञानिक दृष्टि से सूर्य से समस्त सौर-परिवार का—मंगल का, बृहस्पति का, चंद्र का, पृथ्वी का जन्म हुआ है। ये सब सूर्य के ही अंग हैं। फिर पृथ्वी पर जीवन का जन्म हुआ—पौधों से लेकर मनुष्य तक। मनुष्य पृथ्वी का अंग है, पृथ्वी सूरज का अंग है। अगर हम इसे ऐसा समझें—एक मां है, उसकी एक बेटी है और उसकी एक बेटी है। उन तीनों के शरीर में एक ही रक्त प्रवाहित होता है, उन तीनों के शरीर का निर्माण एक ही तरह के सेल्स से, एक ही तरह के कोष्ठों से होता है।

और वैज्ञानिक एक शब्द का प्रयोग करते हैं 'एम्पैथी' का। जो चीजें एक से ही पैदा होती हैं उनके भीतर एक अंतर-समानुभूति होती है। सूर्य से पृथ्वी पैदा होती है, पृथ्वी से हम सबके शरीर निर्मित होते हैं। थोड़ा ही दूर फासले पर सूरज हमारा महापिता है। सूर्य पर जो भी घटित होता है वह हमारे रोम-रोम में स्पंदित होता है। होगा ही। क्योंकि हमारा रोम-रोम भी सूर्य से ही निर्मित है। सूर्य इतना दूर दिखाई पड़ता है, इतना दूर नहीं है। हमारे रक्त के एक-एक कण में और हड्डी के एक-एक टुकड़े में सूर्य के ही अणुओं का वास है। हम सूर्य के ही टुकड़े हैं। और यदि सूर्य से हम प्रभावित होते हों तो इसमें कुछ आश्चर्य नहीं—एम्पैथी है, समानुभूति है।

समानुभूति को भी थोड़ा समझ लेना जरूरी है, तो ज्योतिष के एक आयाम में प्रवेश हो सकेगा।

कल मैंने जुड़वां बच्चों की बात आपसे की। अगर एक ही अंडे से पैदा हुए दो बच्चों को दो कमरों में बंद कर दिया जाए—और इस तरह के बहुत से प्रयोग पिछले पचास वर्षों में किए गए हैं। एक ही अंडज जुड़वां बच्चों को दो कमरों में बंद कर दिया गया है, फिर दोनों कमरों में एक साथ घंटी बजाई गई है और दोनों बच्चों को कहा गया है, उनको जो पहला खयाल आता हो वे उसे कागज पर लिख लें, या जो पहला चित्र उनके दिमाग में आता हो वे उसे कागज पर बना लें।

और बड़ी हैरानी की बात है कि अगर बीस चित्र बनवाए गए हैं दोनों बच्चों से तो उसमें नब्बे प्रतिशत दोनों बच्चों के चित्र एक जैसे हैं। उनके मन में जो पहली विचारधारा पैदा होती है, जो पहला शब्द बनता है या जो पहला चित्र बनता है, ठीक उसके ही करीब वैसा ही विचार और वैसा ही शब्द दूसरे जुड़वां बच्चे के भीतर भी बनता और निर्मित होता है।

इसे वैज्ञानिक कहते हैं एम्पैथी। इन दोनों के बीच इतनी समानता है कि ये एक से प्रतिध्वनित होते हैं। इन दोनों के भीतर अनजाने मार्गों से जैसे जोड़ है, कोई कम्युनिकेशन है।

सूर्य और पृथ्वी के बीच ऐसा ही कम्युनिकेशन है, ऐसा ही संवाद है प्रतिपल। और पृथ्वी और मनुष्य के बीच भी इसी तरह का संवाद है प्रतिपल। तो सूर्य, पृथ्वी और मनुष्य, उन तीनों के बीच निरंतर संवाद है, एक निरंतर डायलॉग है। लेकिन वह जो संवाद है, डायलॉग है, वह बहुत गुह्य है और बहुत आंतरिक है और बहुत सूक्ष्म है। उसके संबंध में थोड़ी सी बातें समझेंगे तो खयाल में आएगा।

अमरीका में एक रिसर्च सेंटर है : ट्री रिंग रिसर्च सेंटर। वृक्षों में जो, वृक्ष आप काटें तो वृक्ष के तने में आपको बहुत से रिंग्स, बहुत से वर्तुल दिखाई पड़ेंगे। फर्नीचर पर जो सौंदर्य मालूम पड़ता है वह उन्हीं वर्तुलों के कारण है। पचास वर्ष से यह रिसर्च केंद्र, वृक्षों में जो वर्तुल बनते हैं

उन पर काम कर रहा है। तो प्रोफेसर डगलस अब उसके डायरेक्टर हैं, जिन्होंने अपने जीवन का अधिकांश हिस्सा, वृक्षों में जो वर्तुल बनते हैं, चक्र बन जाते हैं, उन पर ही पूरा व्यय किया है। बहुत से तथ्य हाथ लगे हैं। पहला तथ्य तो सभी को ज्ञात है साधारणतः कि वृक्ष की उम्र उसमें बने हुए रिंग्स के द्वारा जानी जा सकती है, जानी जाती है। क्योंकि प्रतिवर्ष एक रिंग वृक्ष में निर्मित होता है। एक छाल वृक्ष छोड़ देता है, अपनी चमड़ी छोड़ देता है, और एक रिंग निर्मित हो जाता है। वृक्ष की कितनी उम्र है, उसके भीतर कितने रिंग बने हैं, इनसे तय हो जाता है। अगर वह पचास साल पुराना है, उसने पचास पतझड़ देखे हैं, तो पचास रिंग उसके तने में निर्मित हो जाते हैं। और हैरानी की बात यह है कि इन तनों पर जो रिंग निर्मित होते हैं वे मौसम की भी खबर देते हैं!

अगर मौसम बहुत गर्म और गीला रहा हो तो जो रिंग है वह चौड़ा निर्मित होता है। अगर मौसम बहुत सर्द और सूखा रहा हो तो जो रिंग है वह बहुत संकरा निर्मित होता है। हजारों साल पुरानी लकड़ी को काट कर पता लगाया जा सकता है कि उस वर्ष जब यह रिंग बना था तो मौसम कैसा था। बहुत वर्षा हुई थी या नहीं हुई थी। सूखा पड़ा था या नहीं पड़ा था। अगर बुद्ध ने कहा है कि इस वर्ष बहुत वर्षा हुई, तो जिस बोधिवृक्ष के नीचे वे बैठे थे वह भी खबर देगा कि वर्षा हुई कि नहीं हुई। बुद्ध से भूल-चूक हो जाए, वह जो वृक्ष है, बोधिवृक्ष, उससे भूल-चूक नहीं होती। उसका रिंग बड़ा होगा, छोटा होगा।

डगलस इन वर्तुलों की खोज करते-करते एक ऐसी जगह पहुंच गया जिसकी उसे कल्पना भी नहीं थी। उसने अनुभव किया कि प्रत्येक ग्यारहवें वर्ष पर रिंग जितना बड़ा होता है उतना फिर कभी बड़ा नहीं होता। और वह ग्यारह वर्ष वही वर्ष है जब सूरज पर सर्वाधिक गतिविधि होती है। हर ग्यारहवें वर्ष पर सूरज में एक रिदम, एक लयबद्धता है, हर ग्यारह वर्ष पर सूरज बहुत सक्रिय हो

जाता है। उस पर रेडियो एक्टिविटी बहुत तीव्र होती है। सारी पृथ्वी पर उस वर्ष सभी वृक्ष मोटा रिंग बनाते हैं। एकाध जगह नहीं, एकाध जंगल में नहीं—सारी पृथ्वी पर, सारे वृक्ष उस वर्ष उस रेडियो एक्टिविटी से अपनी रक्षा करने के लिए मोटा रिंग बनाते हैं। वह जो सूरज पर तीव्र घटना घटती है ऊर्जा की, उससे बचाव के लिए उनको मोटी चमड़ी बनानी पड़ती है उस वर्ष, हर ग्यारह वर्ष।

इससे वैज्ञानिकों में एक नया शब्द और एक नई बात शुरू हुई। मौसम सब जगह अलग होते हैं। यहां सर्दी है, कहीं गर्मी है, कहीं वर्षा है, कहीं शीत है—सब जगह मौसम अलग हैं। इसलिए अब तक कभी पृथ्वी का मौसम, क्लाइमेट ऑफ दि अर्थ—ऐसा कोई शब्द प्रयोग नहीं होता था। लेकिन अब डगलस ने इस शब्द का प्रयोग करना शुरू किया है—क्लाइमेट ऑफ दि अर्थ। ये सब छोटे-मोटे फर्क तो हैं ही, लेकिन पूरी पृथ्वी पर भी सूरज के कारण एक विशेष मौसम चलता है। जो हम नहीं पकड़ पाते, लेकिन वृक्ष पकड़ते हैं। हर ग्यारहवें वर्ष पर वृक्ष मोटा रिंग बनाते हैं, फिर रिंग छोटे होते जाते हैं। फिर पांच साल के बाद बड़े होने शुरू होते हैं, फिर ग्यारहवें साल पर जाकर पूरे बड़े हो जाते हैं।

अगर वृक्ष इतने संवेदनशील हैं और सूरज पर होती हुई कोई भी घटना को इतनी व्यवस्था से अंकित करते हैं, तो क्या आदमी के चित्त में भी कोई पर्त होगी, क्या आदमी के शरीर में भी कोई संवेदना का सूक्ष्म रूप होगा, क्या आदमी भी कोई रिंग और वर्तुल निर्मित करता होगा अपने व्यक्तित्व में ?

अब तक साफ नहीं हो सका। अभी तक वैज्ञानिकों को साफ नहीं है कोई बात कि आदमी के भीतर क्या होता है। लेकिन यह असंभव मालूम पड़ता है कि जब वृक्ष भी सूर्य पर घटती घटनाओं को संवेदित करते हों तो आदमी किसी भांति संवेदित न करता हो।

ज्योतिष, जो जगत में कहीं भी घटित होता है वह मनुष्य के चित्त में भी घटित होता है, इसकी ही खोज है। इस पर हम पीछे बात करेंगे कि मनुष्य भी वृक्षों जैसी ही खबरें अपने भीतर लिए चलता है, लेकिन उसे खोलने का ढंग उतना आसान नहीं है जितना वृक्ष को खोलने का ढंग आसान है। वृक्ष को काट कर जितनी सुविधा से हम पता लगा लेते हैं उतनी सुविधा से आदमी को काट कर पता नहीं लगा सकते हैं। आदमी को काटना सूक्ष्म मामला है। और आदमी के पास चित्त है, इसलिए आदमी का शरीर उन घटनाओं को नहीं रिकॉर्ड करता, चित्त रिकॉर्ड करता है। वृक्षों के पास चित्त नहीं है, इसलिए शरीर ही उन घटनाओं को रिकॉर्ड करता है।

एक और बात इस संबंध में खयाल ले लेने जैसी है। जैसा मैंने कहा कि प्रति ग्यारह वर्ष में सूरज पर तीव्र रेडियो एक्टिविटी, तीव्र वैद्युतिक तूफान चलते हैं, ऐसा प्रति ग्यारह वर्ष पर एक रिदम है। ठीक ऐसा ही एक दूसरा बड़ा रिदम भी पता चलना शुरू हुआ है, वह है नब्बे वर्ष का, सूरज के ऊपर। और वह और हैरान करने वाला है। और यह जो मैं कह रहा हूं ये सब वैज्ञानिक तथ्य हैं। ज्योतिषी इस संबंध में कुछ नहीं कहते हैं। लेकिन मैं इसलिए यह कह रहा हूं कि इनके आधार पर ज्योतिष को वैज्ञानिक ढंग से समझना आपके लिए आसान हो सकेगा। नब्बे वर्ष का एक दूसरा वर्तुल है जो कि अनुभव किया गया है। उसके अनुभव की कथा बड़ी अदभुत है।

फैरोह ने इजिप्त में आज से चार हजार साल पहले अपने वैज्ञानिकों को कहा कि नील नदी में जब भी पानी घटता है, बढ़ता है, उसका पूरा ब्योरा रखा जाए। और अकेली नील एक ऐसी नदी है, जिसकी चार हजार वर्ष की बायोग्राफी है। और किसी नदी की कोई बायोग्राफी नहीं है। उसकी जीवन-कथा है पूरी। कब उसमें इंच भर पानी बढ़ा है, तो उसका पूरा रिकॉर्ड है—चार हजार वर्ष, फैरोह के जमाने से लेकर आज तक।

फैरोह का अर्थ होता है सूर्य, इजिप्त की भाषा में। फैरोह, जो इजिप्त का सम्राट अपना नाम रखता था, वह सूर्य के आधार पर था। और इजिप्त में ऐसा खयाल था कि सूर्य और नदी के बीच निरंतर संवाद है। तो फैरोह, जो कि सूर्य का भक्त था, उसने कहा कि नील का पूरा रिकॉर्ड रखा जाए। सूर्य के संबंध में तो हमें अभी कुछ पता नहीं है, लेकिन कभी तो सूर्य के संबंध में भी पता हो जाएगा, तब यह रिकॉर्ड काम दे सकेगा। तो चार हजार साल की पूरी कथा है नील नदी की। उसमें इंच भर पानी कब बढ़ा, इंच भर कब कम हुआ; कब उसमें पूर आया, कब पूर नहीं आया; कब नदी बहुत तेजी से बही और कब नदी बहुत धीमी बही, इसका चार हजार वर्ष का लंबा इतिहास इंच-इंच उपलब्ध है।

इजिप्त के एक विद्वान तस्मान ने पूरे नील की कथा लिखी। और अब सूर्य के संबंध में वे बातें ज्ञात हो गईं जो फैरोह के वक्त ज्ञात नहीं थीं और जिनके लिए फैरोह ने कहा था प्रतीक्षा करना! इन चार हजार साल में जो कुछ भी नील नदी में घटित हुआ है वह सूरज से संबंधित है। और नब्बे वर्ष की रिदम का पता चलता है। हर नब्बे वर्ष में सूर्य पर एक अभूतपूर्व घटना घटती है। वह घटना ठीक वैसी ही है जिसे हम मृत्यु कह सकते हैं—या जन्म कह सकते हैं।

ऐसा समझ लें कि सूर्य नब्बे वर्ष में पैंतालीस वर्ष तक जवान होता है और पैंतालीस वर्ष तक बूढ़ा होता है। उसके भीतर जो ऊर्जा के प्रवाह बहते हैं वे पैंतालीस वर्ष तक जो जवानी की तरफ बढ़ते हैं, क्लाइमेक्स की तरफ जाते हैं, सूरज जैसे जवान होता चला जाता है। और पैंतालीस साल के बाद ढलना शुरू हो जाता है, उसकी उम्र जैसे नीचे गिरने लगती है, और नब्बे वर्ष में सूर्य बिलकुल बूढ़ा हो जाता है। नब्बे वर्ष में जब सूर्य बूढ़ा होता है तब सारी पृथ्वी भूकंपों से भर जाती है। भूकंपों का संबंध नब्बे वर्ष के वर्तुल से है। सूर्य उसके बाद फिर जवान होना शुरू होता है।

वह बड़ी भारी घटना है; क्योंकि सूरज पर इतना परिवर्तन होता है कि पृथ्वी उससे कंपित हो जाए, यह बिलकुल स्वाभाविक है। लेकिन जब पृथ्वी जैसी महाकाय वस्तु भूकंपों से भर जाती है तो आदमी जैसी छोटी सी काया में कुछ नहीं होता होगा? पृथ्वी जैसी महाकाय वस्तु, जब सूरज पर परिवर्तन होते हैं तो कंपित हो जाती है, भूकंपों से भर जाती है, तो आदमी जैसी छोटी सी काया में कुछ भी न होता होगा! ज्योतिषी सिर्फ यही पूछते रहे हैं। वे कहते हैं, यह असंभव है। पता हो तुम्हें या न पता हो, लेकिन आदमी की काया भी अछूती नहीं रह सकती।

पैंतालीस वर्ष जब सूरज जवान होता है, उस वक्त जो बच्चे पैदा होते हैं उनका स्वास्थ्य अदभुत रूप से अच्छा होगा। और जब पैंतालीस वर्ष सूरज बूढ़ा होता है, उस वक्त जो बच्चे पैदा होंगे उनका स्वास्थ्य कभी भी अच्छा नहीं हो पाता। जब सूरज खुद ही ढलाव पर होता है तब जो बच्चे पैदा होते हैं उनकी हालत ठीक वैसी है जैसे पूरब को नाव ले जानी हो और पश्चिम को हवा बहती हो। तो फिर बहुत डांड चलाने पड़ते हैं, फिर पतवार बहुत चलानी पड़ती है और पाल काम नहीं करते। फिर पाल खोल कर नाव नहीं ले जाई जा सकती, क्योंकि उलटे बहना पड़ता है। जब सूरज ही बूढ़ा होता है, सूरज जो कि प्राण है सारे सौर-परिवार का, तब जिसको भी जवान होना है उसे उलटी धारा में तैरना पड़ता है—हवा के खिलाफ। उसके लिए संघर्ष भारी है। जब सूरज ही जवान हो रहा होता है तो पूरा सौर-परिवार शक्तियों से भरा होता है और उठान की तरफ होता है। तब जो पैदा होता है, वह जैसे पाल वाली नाव में बैठ गया। पूरब की तरफ हवाएं बह रही हैं, उसे डांड भी नहीं चलानी है, पतवार भी नहीं चलानी है, श्रम भी नहीं करना है, नाव खुद बह जाएगी। पाल खोल देना है, हवाएं नाव को ले जाएंगी।

इस संबंध में अब वैज्ञानिकों को भी शक होने लगा है कि सूरज जब अपनी चरम अवस्था

में जाता है तब पृथ्वी पर कम से कम बीमारियां होती हैं। और जब सूरज अपने उतार पर होता है तब पृथ्वी पर सर्वाधिक बीमारियां होती हैं। पृथ्वी पर पैंतालीस साल बीमारियों के होते हैं और पैंतालीस साल कम बीमारियों के होते हैं।

नील ठीक चार हजार वर्षों में हर नब्बे वर्ष में इसी तरह जवान और बूढ़ी होती रही है। जब सूरज जवान होता है तो नील में सर्वाधिक पानी होता है। वह पैंतालीस वर्ष तक उसमें पानी बढ़ता चला जाता है। और जब सूरज ढलने लगता है, बूढ़ा होने लगता है, तो नील का पानी नीचे गिरता चला जाता है, वह शिथिल होने लगती है और बूढ़ी हो जाती है।

आदमी इस विराट जगत में कुछ अलग-थलग नहीं है। इस सबका इकट्ठा जोड़ है।

अब तक हमने जो भी श्रेष्ठतम घड़ियां बनाई हैं वे कोई भी उतनी टु दि टाइम, उतना ठीक से समय नहीं बतातीं जितनी पृथ्वी बताती है। पृथ्वी अपनी कील पर तेईस घंटे छप्पन मिनट में एक चक्कर पूरा करती है। उसी के आधार पर चौबीस घंटे का हमने हिसाब तैयार किया हुआ है और हमने घड़ी बनाई हुई है। और पृथ्वी काफी बड़ी चीज है। अपनी कील पर वह ठीक तेईस घंटे छप्पन मिनट में एक चक्र पूरा करती है। और अब तक कभी भी ऐसा नहीं समझा गया था कि पृथ्वी कभी भी भूल करती है एक सेकेंड की भी। लेकिन कारण कुल इतना था कि हमारे पास जांचने के बहुत ठीक उपाय नहीं थे। और हमने साधारण जांच की थी।

लेकिन जब नब्बे वर्ष का वर्तुल पूरा होता है सूर्य का तो पृथ्वी की घड़ी एकदम डगमगा जाती है। उस क्षण में पृथ्वी ठीक अपना वर्तुल पूरा नहीं कर पाती। ग्यारह वर्ष में जब सूरज पर उत्पात होता है तब भी पृथ्वी डगमगा जाती है, उसकी घड़ी गड़बड़ हो जाती है। जब भी पृथ्वी रोज अपनी यात्रा में नये-नये प्रभावों के अंतर्गत आती है, जब भी कोई नया प्रभाव, कोई नया कॉस्मिक

इनफ्लुएंस, कोई महातारा करीब हो जाता है--और करीब का मतलब, इस महा आकाश में बहुत दूर होने पर भी चीजें बहुत करीब हैं—जरा सा करीब आ जाता है। हमारी भाषा बहुत समर्थ नहीं है, क्योंकि जब हम कहते हैं जरा सा करीब आ जाता है तो हम सोचते हैं कि शायद जैसे हमारे पास कोई आदमी आ गया। नहीं, फासले बहुत बड़े हैं। उन फासलों में जरा सा अंतर पड़ जाता है, जो कि हमें कहीं पता भी नहीं चलेगा, तो भी पृथ्वी की कील डगमगा जाती है।

पृथ्वी को हिलाने के लिए बड़ी शक्ति की जरूरत है—इंच भर हिलाने के लिए भी। तो महाशक्तियां जब गुजरती हैं पृथ्वी के पास से, तभी वह हिल पाती है। लेकिन वे महाशक्तियां जब पृथ्वी के पास से गुजरती हैं तो हमारे पास से भी गुजरती हैं। और ऐसा नहीं हो सकता कि जब पृथ्वी कंपित होती है तो उस पर लगे हुए वृक्ष कंपित न हों। और ऐसा भी नहीं हो सकता कि जब पृथ्वी कंपित होती है तो उस पर जीता और चलता हुआ मनुष्य कंपित न हो। सब कंप जाता है।

लेकिन कंपन इतने सूक्ष्म हैं कि हमारे पास कोई उपकरण नहीं थे अब तक कि हम जांच करते कि पृथ्वी कंप जाती है। लेकिन अब तो उपकरण हैं। सेकेंड के हजारवें हिस्से में भी कंपन होता है तो हम पकड़ लेते हैं। लेकिन आदमी के कंपन को पकड़ने के उपकरण अभी भी हमारे पास नहीं हैं। वह मामला और भी सूक्ष्म है। आदमी इतना सूक्ष्म है, और होना जरूरी है, अन्यथा जीना मुश्किल हो जाए। अगर चौबीस घंटे आपको चारों तरफ के प्रभावों का पता चलता रहे तो आप जी न पाएं। आप जी सकते हैं तभी जब कि आपको आस-पास के प्रभावों का कोई पता नहीं चलता।

एक और नियम है। वह नियम यह है कि न तो हमें अपनी शक्ति से छोटे प्रभावों का पता चलता है और न अपनी शक्ति से बड़े प्रभावों का पता चलता है। हमारे प्रभाव के पता चलने का एक दायरा है।

जैसे समझ लें कि बुखार चढ़ता है, तो अट्ठानबे डिग्री हमारी एक सीमा है। और एक सौ दस डिग्री हमारी दूसरी सीमा है। बारह डिग्री में हम जीते हैं। नब्बे डिग्री गिर जाए तो हम समाप्त हो जाते हैं। उधर एक सौ दस डिग्री के बाहर चला जाए तो हम समाप्त हो जाते हैं। लेकिन क्या आप समझते हैं, दुनिया में गर्मी बारह डिग्रियों की ही है? आदमी बारह डिग्री के भीतर जीता है। दोनों सीमाओं के इधर-उधर गया कि खो जाएगा। उसका एक बैलेंस है, अट्ठानबे और एक सौ दस के बीच में उसको अपने को सम्हाले रखना है।

ठीक ऐसा बैलेंस सब जगह है। मैं आपसे बोल रहा हूं, आप सुन रहे हैं। अगर मैं बहुत धीमे बोलूं तो ऐसी जगह आ सकती है कि मैं बोलूं और आप न सुन पाएं। लेकिन यह आपको खयाल में आ जाएगा कि बहुत धीमे बोला जाए तो सुनाई नहीं पड़ेगा, लेकिन आपको यह खयाल में न आएगा कि इतने जोर से बोला जाए कि आप न सुन पाएं। तो आपको कठिन लगेगा, क्योंकि जोर से बोलेंगे तब तो सुनाई पड़ेगा ही।

नहीं, वैज्ञानिक कहते हैं, हमारे सुनने की भी डिग्री है। उससे नीचे भी हम नहीं सुन पाते, उसके ऊपर भी हम नहीं सुन पाते। हमारे आस-पास भयंकर आवाजें गुजर रही हैं। लेकिन हम सुन नहीं पाते। एक तारा टूटता है आकाश में, कोई नया ग्रह निर्मित होता है या बिखरता है, तो भयंकर गर्जना वाली आवाजें हमारे चारों तरफ से गुजरती हैं। अगर हम उनको सुन पाएं तो हम तत्काल बहरे हो जाएं। लेकिन हम सुरक्षित हैं, क्योंकि हमारे कान सीमा में ही सुनते हैं। जो सूक्ष्म है उसको भी नहीं सुनते, जो विराट है उसको भी नहीं सुनते। एक दायरा है, बस उतने को सुन लेते हैं।

देखने के मामले में भी हमारी वही सीमा है। हमारी सभी इंद्रियां एक दायरे के भीतर हैं, न उसके ऊपर, न उसके नीचे। इसीलिए आपका कुत्ता है, वह आपसे ज्यादा सूंघ लेता है। उसका

दायरा सूंघने का आपसे बड़ा है। जो आप नहीं सूंघ पाते, कुत्ता सूंघ लेता है। जो आप नहीं सुन पाते, आपका घोड़ा सुन लेता है। उसके सुनने का दायरा आपसे बड़ा है। एक-डेढ़ मील दूर सिंह आ जाए तो घोड़ा चौंक कर खड़ा हो जाता है। डेढ़ मील के फासले पर उसे गंध आती है। आपको कुछ पता नहीं चलता। अगर आपको सारी गंध आने लगें जितनी गंध आपके चारों तरफ चल रही हैं, तो आप विक्षिप्त हो जाएं। मनुष्य एक कैप्सूल में बंद है, उसकी सीमांत है, उसकी बाउंड्रीज हैं।

आप रेडियो लगाते हैं और आवाज सुनाई पड़नी शुरू हो जाती है। क्या आप सोचते हैं, जब रेडियो लगाते हैं तब आवाज आनी शुरू होती है?

आवाज तो पूरे समय बहती ही रहती है, आप रेडियो लगाएं या न लगाएं। लगाते हैं तब रेडियो पकड़ लेता है, बहती तो पूरे वक्त रहती है। दुनिया में जितने रेडियो स्टेशन हैं, सबकी आवाजें अभी इस कमरे से गुजर रही हैं। आप रेडियो लगाएंगे तो पकड़ लेंगे। आप रेडियो नहीं लगाते हैं तब भी गुजर रही हैं, लेकिन आपको सुनाई नहीं पड़ रही हैं। आपको सुनाई नहीं पड़ रही हैं।

जगत में न मालूम कितनी ध्वनियां हैं जो चारों तरफ हमारे गुजर रही हैं। भयंकर कोलाहल है। वह पूरा कोलाहल हमें सुनाई नहीं पड़ता, लेकिन उससे हम प्रभावित तो होते ही हैं। ध्यान रहे, वह हमें सुनाई नहीं पड़ता, लेकिन उससे हम प्रभावित तो होते ही हैं। वह हमारे रोएं-रोएं को स्पर्श करता है। हमारे हृदय की धड़कन-धड़कन को छूता है। हमारे स्नायु-स्नायु को कंपा जाता है। वह अपना काम तो कर ही रहा है। उसका काम तो जारी है। जिस सुगंध को आप नहीं सूंघ पाते उसके अणु भी आपके चारों तरफ अपना काम तो कर ही जाते हैं। और अगर उसके अणु किसी बीमारी को लाए हैं तो वे आपको दे जाते हैं। आपकी जानकारी आवश्यक नहीं है किसी वस्तु के होने के लिए।

ज्योतिष का कहना है कि हमारे चारों तरफ ऊर्जाओं के क्षेत्र हैं, एनर्जी फील्ड्स हैं, और वे पूरे समय हमें प्रभावित कर रहे हैं। जैसा मैंने कल कहा कि जैसे ही बच्चा जन्म लेता है, तो जन्म को वैज्ञानिक भाषा में हम कहें एक्सपोजर, जैसे कि फिल्म को हम एक्सपोज करते हैं कैमरे में। जरा सा शटर आप दबाते हैं, एक क्षण के लिए कैमरे की खिड़की खुलती है और बंद हो जाती है। उस क्षण में जो भी कैमरे के समक्ष आ जाता है वह फिल्म पर अंकित हो जाता है। फिल्म एक्सपोज हो गई। अब दुबारा उस पर कुछ अंकित न होगा—अंकित हो गया। और अब यह फिल्म उस आकार को सदा अपने भीतर लिए रहेगी।

जिस दिन मां के पेट में पहली दफा गर्भाधान होता है तो पहला एक्सपोजर होता है। जिस दिन मां के पेट से बच्चा बाहर आता है, जन्म लेता है, उस दिन दूसरा एक्सपोजर होता है। और ये दोनों एक्सपोजर उस संवेदनशील चित्त पर फिल्म की भांति अंकित हो जाते हैं। पूरा जगत उस क्षण में बच्चा अपने भीतर अंकित कर लेता है। और उसकी सिम्पैथीज निर्मित हो जाती हैं।

ज्योतिष इतना ही कहता है कि यदि वह बच्चा जब पैदा हुआ है तब अगर रात है... और जान कर आप हैरान होंगे कि सत्तर से लेकर नब्बे प्रतिशत तक बच्चे रात में पैदा होते हैं! यह थोड़ा हैरानी का है। क्योंकि आमतौर से पचास प्रतिशत होने चाहिए। चौबीस घंटे का हिसाब है, इसमें कोई हिसाब भी न हो, बेहिसाब भी बच्चे पैदा हों, तो बारह घंटे रात, बारह घंटे दिन, साधारण संयोग और कांबिनेशन से ठीक है पचास-पचास प्रतिशत हो जाएं! कभी भूल-चूक दो-चार प्रतिशत इधर-उधर हो। लेकिन नब्बे प्रतिशत तक बच्चे रात में जन्म लेते हैं; दस प्रतिशत बच्चे मुश्किल से जन्म दिन में लेते हैं। अकारण नहीं हो सकती यह बात, इसके पीछे बहुत कारण हैं।

समझें, एक बच्चा रात में जन्म लेता है। तो उसका जो एक्सपोजर है, उसके चित्त की जो

पहली घटना है इस जगत में अवतरण की, वह अंधेरे से संयुक्त होती है, प्रकाश से संयुक्त नहीं होती। यह सिर्फ उदाहरण के लिए कह रहा हूं, क्योंकि बात तो और विस्तीर्ण है। सिर्फ उदाहरण के लिए कह रहा हूं। उसके चित्त पर जो पहली घटना है वह अंधकार है। सूर्य अनुपस्थित है। सूर्य की ऊर्जा अनुपस्थित है। चारों तरफ जगत सोया हुआ है। पौधे अपनी पत्तियों को बंद किए हुए हैं। पक्षी अपने पंखों को सिकोड़ कर आंखें बंद किए हुए अपने घोसलों में छिप गए हैं। सारी पृथ्वी पर निद्रा है। हवा के कण-कण में चारों तरफ नींद है। सब सोया हुआ है। जागा हुआ कुछ भी नहीं है। यह पहला इंपैक्ट है बच्चे पर।

अगर हम बुद्ध और महावीर से पूछें तो वे कहेंगे कि अधिक बच्चे इसलिए रात में जन्म लेते हैं क्योंकि अधिक आत्माएं सोई हुई हैं, एस्लीप हैं। दिन को वे नहीं चुन सकते पैदा होने के लिए। दिन को चुनना कठिन है। और हजार कारण हैं, और हजार कारण हैं, एक कारण महत्वपूर्ण यह भी है—अधिकतम लोग सोए हुए हैं, अधिकतम लोग तंद्रित हैं, अधिकतम लोक निद्रा में हैं, अधिकतम लोग आलस्य में, प्रमाद में हैं। सूर्य के जागने के साथ उनका जन्म ऊर्जा का जन्म होगा, सूर्य के डूबे हुए अंधेरे की आड़ में उनका जन्म नींद का जन्म होगा।

रात में एक बच्चा पैदा हो रहा है तो एक्सपोजर एक तरह का होने वाला है। जैसे कि हमने अंधेरे में एक फिल्म खोली हो या प्रकाश में एक फिल्म खोली हो, तो एक्सपोजर भिन्न होने वाले हैं। एक्सपोजर की बात थोड़ी और समझ लेनी चाहिए, क्योंकि वह ज्योतिष के बहुत गहराइयों से संबंधित है।

जो वैज्ञानिक एक्सपोजर के संबंध में खोज करते हैं कि एक्सपोजर की घटना बहुत बड़ी है, छोटी घटना नहीं है। क्योंकि जिंदगी भर वह आपका पीछा करेगी। एक मुर्गी का बच्चा पैदा होता

है। पैदा हुआ कि भागने लगता है मुर्गी के पीछे। हम कहते हैं कि मां के पीछे भाग रहा है। वैज्ञानिक कहते हैं, नहीं। मां से कोई संबंध नहीं है; एक्सपोजर! हम कहते हैं, अपनी मां के पीछे भाग रहा है। लेकिन वैज्ञानिक कहते हैं, नहीं! पहले हम भी ऐसा ही सोचते थे कि मां के पीछे भाग रहा है, लेकिन बात ऐसी नहीं है। और जब सैकड़ों प्रयोग किए गए तो बात सही हो गई है।

वैज्ञानिकों ने सैकड़ों प्रयोग किए। मुर्गी का बच्चा जन्म रहा है, अंडा फूट रहा है, चूजा बाहर निकल रहा है, तो उन्होंने मुर्गी को हटा लिया और उसकी जगह एक रबर का गुब्बारा रख दिया। बच्चे ने जिस चीज को पहली दफा देखा वह रबर का गुब्बारा था, मां नहीं थी। आप चकित होंगे यह जान कर कि वह बच्चा एक्सपोज्ड हो गया। इसके बाद वह रबर के गुब्बारे को ही मां की तरह प्रेम कर सका। फिर वह अपनी मां को नहीं प्रेम कर सका। रबर का गुब्बारा हवा में इधर-उधर जाएगा तो वह पीछे भागेगा। उसकी मां भागती रहेगी तो उसकी फिकर ही नहीं करेगा। रबर के गुब्बारे के प्रति वह आश्चर्यजनक रूप से संवेदनशील हो गया। जब थक जाएगा तो गुब्बारे के पास टिक कर बैठ जाएगा। वह गुब्बारे को प्रेम करने की कोशिश करेगा। गुब्बारे से चोंच लड़ाने की कोशिश करेगा—लेकिन मां से नहीं।

इस संबंध में बहुत काम लारेंज नाम के एक वैज्ञानिक ने किया है और उसका कहना है कि वह जो फर्स्ट मोमेंट एक्सपोजर है, वह बड़ा महत्वपूर्ण है। वह मां से इसीलिए संबंधित हो जाता है—मां होने की वजह से नहीं, फर्स्ट एक्सपोजर की वजह से। इसलिए नहीं कि वह मां है इसलिए उसके पीछे दौड़ता है; इसलिए कि वही सबसे पहले उसको उपलब्ध होती है इसलिए पीछे दौड़ता है।

अभी इस पर और काम चला है। तो जिन बच्चों को मां के पास बड़ा न किया जाए वे

किसी स्त्री को जीवन में कभी प्रेम करने में समर्थ नहीं हो पाते—एक्सपोजर ही नहीं हो पाता। अगर एक बच्चे को उसकी मां के पास बड़ा न किया जाए तो स्त्री का जो प्रतिबिंब उसके मन में बनना चाहिए वह बनता ही नहीं। और अगर पश्चिम में आज होमोसेक्सुअलिटी बढ़ती हुई है तो उसके एक बुनियादी कारणों में वह कारण है। हेट्रोसेक्सुअल, विजातीय यौन के प्रति जो प्रेम है वह पश्चिम में कम होता चला जा रहा है। और सजातीय यौन के प्रति प्रेम बढ़ता चला जा रहा है, जो विकृति है। लेकिन वह विकृति होगी। क्योंकि दूसरे यौन के प्रति जो प्रेम है—पुरुष का स्त्री के प्रति और स्त्री का पुरुष के प्रति—वह बहुत सी शर्तों के साथ है। पहला तो एक्सपोजर जरूरी है। बच्चा पैदा हुआ है तो उसके मन पर क्या एक्सपोज हो!

अब यह बहुत सोचने जैसी बात है। दुनिया में स्त्रियां तब तक सुखी न हो पाएंगी जब तक उनका एक्सपोजर मां के साथ हो रहा है। उनका एक्सपोजर पिता के साथ होना चाहिए। पहला इंपैक्ट लड़की के मन पर पिता का पड़ना चाहिए। तो ही वह किसी पुरुष को भरपूर मन से प्रेम करने में समर्थ हो पाएगी। अगर पुरुष स्त्री से जीत जाता है तो उसका कुल कारण इतना है कि लड़के और लड़कियां दोनों ही मां के पास बड़े होते हैं। तो लड़के का एक्सपोजर तो बिलकुल ठीक होता है स्त्री के प्रति, लेकिन लड़की का एक्सपोजर बिलकुल ठीक नहीं होता। इसलिए जब तक दुनिया में लड़की को पिता का एक्सपोजर नहीं मिलता तब तक स्त्रियां कभी भी पुरुष के समकक्ष खड़ी नहीं हो सकेंगी—न राजनीति के द्वारा, न नौकरी के द्वारा, न आर्थिक स्वतंत्रता के द्वारा। क्योंकि मनोवैज्ञानिक अर्थों में एक कमी उनमें रह जाती है। वह अब तक की पूरी संस्कृति उस कमी को पूरा नहीं कर पाई है।

अगर यह छोटा सा गुब्बारा, या मुर्गी, या मां, इनका एक्सपोजर प्रभावी करता है इतना ज्यादा कि व्यक्ति का चित्त सदा के लिए उससे निर्मित हो जाता है! ज्योतिष कहता है कि जो भी चारों तरफ मौजूद है, दि होल यूनिवर्स, वह सभी का सभी उस एक्सपोजर के क्षण में, उस चित्त के खुलने के क्षण में भीतर प्रवेश कर जाता है और जीवन भर की सिम्पैथीज और एंटीपैथीज निर्मित हो जाती हैं। उस क्षण जो नक्षत्र पृथ्वी को चारों तरफ से घेरे हुए हैं—नक्षत्र घेरे हुए हैं, उसका कुल मतलब इतना कि उस क्षण पृथ्वी के ऊपर जिन नक्षत्रों की रेडियो एक्टिविटी का प्रभाव पड़ रहा है।

अब वैज्ञानिक मानते हैं कि प्रत्येक ग्रह की रेडियो एक्टिविटी अलग है। जैसे वीनस; उससे जो रेडियो सक्रिय तत्व हमारी तरफ आते हैं वे चांद के रेडियो सक्रिय तत्वों से भिन्न हैं। या जैसे ज्युपिटर; उससे जो रेडियो तत्व हम तक आते हैं वे सूर्य के रेडियो तत्वों से भिन्न हैं। क्योंकि इन प्रत्येक ग्रहों के पास अलग तरह की गैसों और अलग तरह के तत्वों का वातावरण है। उन सबसे अलग-अलग प्रभाव पृथ्वी की तरफ आते हैं। और जब एक बच्चा पैदा हो रहा है तो पृथ्वी के चारों तरफ क्षितिज को घेर कर खड़े हुए जो भी नक्षत्र हैं—ग्रह हैं, उपग्रह हैं, दूर आकाश में महातारे हैं—वे सबके सब उस एक्सपोजर के क्षण में बच्चे के चित्त पर गहराइयों तक प्रवेश कर जाते हैं। फिर उसकी कमजोरियां, उसकी ताकतें, उसका सामर्थ्य, सब सदा के लिए प्रभावित हो जाता है।

अब जैसे हिरोशिमा में एटम बम के गिरने के बाद पता चला, उसके पहले पता नहीं था। हिरोशिमा में एटम जब तक नहीं गिरा था तब तक इतना खयाल था कि एटम गिरेगा तो लाखों लोग मरेंगे; लेकिन यह पता नहीं था कि पीढ़ियों तक आने वाले बच्चे प्रभावित हो जाएंगे। हिरोशिमा और नागासाकी में जो लोग मर गए, मर गए! वह तो एक क्षण की बात थी, समाप्त हो

गए। लेकिन हिरोशिमा में जो वृक्ष बच गए, जो जानवर बच गए, जो पक्षी बच गए, जो मछलियां बच गईं, जो आदमी बच गए, वे सदा के लिए प्रभावित हो गए।

अब वैज्ञानिक कहते हैं कि दस पीढ़ियों में हमें पूरा अंदाज लग पाएगा कि क्या-क्या परिणाम हुए। क्योंकि इनका सब-कुछ रेडियो एक्टिविटी से प्रभावित हो गया। अब जो स्त्री बच गई है उसके शरीर में जो अंडे हैं वे प्रभावित हो गए। अब वे अंडे, कल उनमें से एक अंडा बच्चा बनेगा, वह बच्चा वैसा ही बच्चा नहीं होगा जैसा साधारणतः होता है। क्योंकि एक विशेष तरह की रेडियो सक्रियता उस अंडे में प्रवेश कर गई है। वह लंगड़ा हो सकता है, लूला हो सकता है, अंधा हो सकता है। उसकी चार आंखें भी हो सकती हैं, आठ हाथ भी हो सकते हैं। कुछ भी हो सकता है! अभी हम कुछ भी नहीं कह सकते कि वह कैसा होगा। उसका मस्तिष्क बिलकुल रुग्ण भी हो सकता है, प्रतिभाशाली भी हो सकता है। वह जीनियस भी पैदा हो सकता है, जैसा जीनियस कभी पैदा न हुआ हो। अभी हमें कुछ भी पता नहीं कि वह क्या होगा। इतना पक्का पता है कि जैसा होना चाहिए था साधारणतः आदमी, वैसा वह नहीं होगा।

अगर एटम... एटम बहुत छोटी ताकत है। हमारे लिए बहुत बड़ी ताकत है। एक एटम एक लाख बीस हजार आदमियों को मार पाया हिरोशिमा और नागासाकी में। वह बहुत छोटी ताकत है। सूर्य के ऊपर जो ताकत है उसका हम इससे कोई हिसाब नहीं लगा सकते। जैसे अरबों एटम बम एक साथ फूट रहे हों! उतनी रेडियो एक्टिविटी सूरज के ऊपर है। और असाधारण है यह! क्योंकि सूरज चार अरब वर्षों से तो पृथ्वी को ही गर्मी दे रहा है, और उससे पहले से है। और अभी भी वैज्ञानिक कहते हैं कि कम से कम चार हजार वर्ष तक तो ठंडे होने की कोई संभावना नहीं है। प्रतिदिन इतनी गर्मी! और सूरज दस करोड़ मील दूर है पृथ्वी से। हिरोशिमा में जो घटना घटी

उसका प्रभाव दस मील से ज्यादा दूर नहीं पड़ सकता। दस करोड़ मील दूर सूरज है, चार अरब वर्षों से तो वह हमें सारी गर्मी दे रहा है, फिर भी अभी रिक्त नहीं हुआ है। पर यह सूरज कुछ भी नहीं है, इससे महासूर्य हैं, ये सब तारे हैं जो आकाश के। और इन प्रत्येक तारों से अपनी व्यक्तिगत और निजी क्षमता की सक्रियता हम तक प्रवाहित होती है।

एक बहुत बड़ा वैज्ञानिक, जो अंतरिक्ष में फैलती ऊर्जाओं के संबंध में अध्ययन कर रहा है, गाकलिन, उसका कहना है कि जितनी ऊर्जाएं हमें अनुभव में आ रही हैं उनमें से हम एक प्रतिशत के संबंध में भी पूरा नहीं जानते। जब से हमने कृत्रिम उपग्रह छोड़े हैं पृथ्वी के बाहर, तब से उन्होंने हमें इतनी खबरें दी हैं कि हमारे पास न शब्द हैं उन खबरों को समझने के लिए, न हमारे पास विज्ञान है। और इतनी ऊर्जाएं, इतनी एनर्जीज चारों तरफ बह रही होंगी, इसकी हमें कल्पना ही नहीं थी।

इस संबंध में एक बात और खयाल में ले लेनी जरूरी है। इस जगत में, जैसा मैंने कल कहा, लोग सोचते हैं कि ज्योतिष कोई विकसित होता हुआ विज्ञान है। मैंने आपसे कहा, हालत उलटी है।

ताजमहल अगर आपने देखा हो तो यमुना के उस पार कुछ दीवालें आपको उठी हुई दिखाई पड़ी होंगी। कहानी यह है कि शाहजहां ने मुमताज के लिए तो ताजमहल बनवाया और अपने लिए, जैसा संगमरमर का ताजमहल है, ऐसा ही अपनी कब्र के लिए संगमूसा का, काले पत्थर का महल वह यमुना के उस पार बना रहा था। लेकिन वह पूरा नहीं हो पाया। ऐसी कथा सदा से प्रचलित थी। लेकिन अभी इतिहासज्ञों ने खोज की है तो पता चला कि वह जो उस तरफ दीवालें उठी खड़ी हैं वे किसी बनने वाले महल की दीवालें नहीं हैं, वे किसी बहुत बड़े महल की, जो गिर चुका, खंडहर है! पर उठती दीवालें और खंडहर एक से मालूम पड़

सकते हैं। एक नये मकान की दीवाल उठ रही है, अधूरी है अभी, मकान बना नहीं। हजारों साल बाद तय करना मुश्किल हो जाएगा कि यह नये मकान की बनती दीवाल है या किसी बने-बनाए मकान की, जो गिर चुका, उसकी बची-खुची अवशेष है, खंडहर है।

पिछले तीन-चार सौ, पांच सौ सालों से यही समझा जाता था कि वह जो दूसरी तरफ महल खड़ा हुआ है, वह शाहजहां बनवा रहा था, वह पूरा नहीं हो पाया। लेकिन अभी जो खोज-बीन हुई है उससे पता चलता है कि वह महल पूरा था। और न केवल यह पता चलता है कि वह महल पूरा था, बल्कि यह भी पता चलता है कि ताजमहल शाहजहां ने खुद कभी नहीं बनवाया। वह भी हिंदुओं का बहुत पुराना महल है, जिसको सिर्फ कनवर्ट किया, जिसको सिर्फ थोड़ा सा फर्क किया। क्योंकि... और कई दफे इतनी हैरानी होती है कि जिन बातों को हम सुनने के आदी हो जाते हैं, फिर उनसे भिन्न बात को हम सोचते भी नहीं! ताजमहल जैसी एक भी कब्र दुनिया में किसी ने नहीं बनाई है। कब्र ऐसी बनाई ही नहीं जाती। ताजमहल के चारों तरफ सिपाहियों के खड़े होने के स्थान हैं, बंदूकें और तोपें लगाने के स्थान हैं। कब्रों की बंदूकें और तोपें लगा कर कोई रक्षा नहीं करनी पड़ती। वह महल है पुराना, उसको सिर्फ कनवर्ट किया गया है कब्र में। वह दूसरी तरफ भी एक पुराना महल है जो गिर गया, जिसके खंडहर शेष रह गए हैं।

ज्योतिष भी खंडहर की तरह है। वह बहुत बड़ा महल था, पूरा विज्ञान था, जो ढह गया। कोई नई चीज नहीं है, कोई नया उठता हुआ मकान नहीं है। लेकिन जो दीवालें रह गई हैं उनसे कुछ पता नहीं चलता कि कितना बड़ा महल उसकी जगह रहा होगा। बहुत बार सत्य मिलते हैं और खो जाते हैं।

अरिस्टीकारस नाम के एक यूनानी ने जीसस से दो सौ, तीन सौ वर्ष पूर्व यह सत्य खोज निकाला था कि सूर्य केंद्र है, पृथ्वी केंद्र नहीं है। अरिस्टीकारस का यह सूत्र, हेलियो सेंट्रिक,

कि सूरज केंद्र पर है, जीसस से तीन सौ वर्ष पहले खोज निकाला गया था। लेकिन जीसस के सौ वर्ष बाद टोलिमी ने इस सूत्र को उलट दिया और पृथ्वी को फिर केंद्र बना दिया। और फिर दो हजार साल लग गए केपलर और कोपरनिकस को खोजने में वापस कि सूर्य केंद्र है, पृथ्वी केंद्र नहीं है। दो हजार साल तक अरिस्टीकारस का सत्य दबा पड़ा रहा। दो हजार साल बाद जब कोपरनिकस ने फिर से कहा तब अरिस्टीकारस की किताबें खोजी गईं। लोगों ने कहा, यह तो हैरानी की बात है!

अमरीका कोलंबस ने खोजा, ऐसा पश्चिम के लोग कहते हैं। एक बहुत प्रसिद्ध मजाक प्रचलित है। आस्कर वाइल्ड अमरीका गया हुआ था। उसकी मान्यता थी कि अमरीका और भी बहुत पहले खोजा जा चुका है। और यह सच है। यह सच्चाई है कि अमरीका बहुत दफे खोजा जा चुका और पुनः-पुनः खो गया। उससे संबंध-सूत्र टूट गए। एक व्यक्ति ने आस्कर वाइल्ड को पूछा कि हम सुनते हैं कि आप कहते हैं, अमरीका पहले भी खोजा जा चुका है। तो क्या आप नहीं मानते कि कोलंबस ने पहली खोज की? और अगर कोलंबस ने पहली खोज नहीं की तो अमरीका बार-बार क्यों खो गया?

तो आस्कर वाइल्ड ने मजाक में कहा कि कोलंबस ने पुनः खोज की है, ही रि-डिसकवर्ड अमरीका। इट वाज़ डिसकवर्ड सो मेनी टाइम्स, बट एवरी टाइम हश्ड-अप। हर बार दबा कर इसको चुप रखना पड़ा, क्योंकि यह उपद्रव, इसको बार-बार हश्ड-अप!

महाभारत अमरीका की चर्चा करता है। अर्जुन की एक पत्नी मैक्सिको की लड़की है। मैक्सिको में जो मंदिर हैं वे हिंदू मंदिर हैं, जिन पर गणेश की मूर्ति तक खुदी हुई है।

बहुत बार सत्य खोज लिए जाते हैं, खो जाते हैं। बहुत बार हमें सत्य पकड़ में आ जाता है,

फिर खो जाता है। ज्योतिष उन बड़े से बड़े सत्यों में से एक है जो पूरा का पूरा खयाल में आ चुका और खो गया। उसे फिर से खयाल में लाने के लिए बड़ी कठिनाई है। इसलिए मैं बहुत सी दिशाओं से आपसे बात कर रहा हूं। क्योंकि ज्योतिष पर सीधी बात करने का अर्थ होता है कि वह जो सड़क पर ज्योतिषी बैठा है, शायद मैं उसके संबंध में कुछ कह रहा हूं। जिसको आप चार आने देकर और अपना भविष्य-फल निकलवा आते हैं, शायद उसके संबंध में या उसके समर्थन में कुछ कह रहा हूं।

नहीं, ज्योतिष के नाम पर सौ में से निन्यानबे धोखाधड़ी है। और वह जो सौवां आदमी है, निन्यानबे को छोड़ कर, उसे समझना बहुत मुश्किल है। क्योंकि वह कभी इतना डाग्मैटिक नहीं हो सकता कि कह दे कि ऐसा होगा ही। क्योंकि वह जानता है कि ज्योतिष बहुत बड़ी घटना है। इतनी बड़ी घटना है कि आदमी बहुत झिझक कर ही वहां पैर रख सकता है। जब मैं ज्योतिष के संबंध में कुछ कह रहा हूं तो मेरा प्रयोजन है कि मैं उस पूरे-पूरे विज्ञान को आपको बहुत तरफ से उसके दर्शन करा दूं उस महल के। तो फिर आप भीतर बहुत आश्वस्त होकर प्रवेश कर सकें। और मैं जब ज्योतिष की बात कर रहा हूं तो ज्योतिषी की बात नहीं कर रहा हूं। उतनी छोटी बात नहीं है। पर आदमी की उत्सुकता उसी में है कि उसे पता चल जाए कि उसकी लड़की की शादी इस साल होगी कि नहीं होगी।

इस संबंध में यह भी आपको कह दूं कि ज्योतिष के तीन हिस्से हैं।

एक, जिसे हम कहें अनिवार्य, एसेंशियल, जिसमें रत्ती भर फर्क नहीं होता। वही सर्वाधिक कठिन है उसे जानना। फिर उसके बाहर की परिधि है : नॉन-एसेंशियल, जिसमें सब परिवर्तन हो सकते हैं। मगर हम उसी को जानने को उत्सुक होते हैं। और उन दोनों के बीच में एक परिधि

है—सेमी-एसेंशियल, अर्द्ध अनिवार्य, जिसमें जानने से परिवर्तन हो सकते हैं, न जानने से कभी परिवर्तन नहीं होंगे। तीन हिस्से कर लें। एसेंशियल, जो बिलकुल गहरा है, अनिवार्य, जिसमें कोई अंतर नहीं हो सकता। उसे जानने के बाद उसके साथ सहयोग करने के सिवाय कोई उपाय नहीं है। धर्मों ने इस अनिवार्य तथ्य की खोज के लिए ही ज्योतिष की ईजाद की, उस तरफ गए। उसके बाद दूसरा हिस्सा है : सेमी-एसेंशियल, अर्द्ध अनिवार्य। अगर जान लेंगे तो बदल सकते हैं, अगर नहीं जानेंगे तो नहीं बदल पाएंगे। अज्ञान रहेगा, तो जो होना है वही होगा। ज्ञान होगा, तो ऑल्टरनेटिव्स हैं, विकल्प हैं, बदलाहट हो सकती है। और तीसरा सबसे ऊपर का सरफेस, वह है : नॉन-एसेंशियल। उसमें कुछ भी जरूरी नहीं है। सब सांयोगिक है।

लेकिन हम जिस ज्योतिषी की बात समझते हैं, वह नॉन-एसेंशियल का ही मामला है। एक आदमी कहता है, मेरी नौकरी लग जाएगी या नहीं लग जाएगी? चांद-तारों के प्रभाव से आपकी नौकरी के लगने, न लगने का कोई भी गहरा संबंध नहीं है। एक आदमी पूछता है, मेरी शादी हो जाएगी या नहीं हो जाएगी? शादी के बिना भी समाज हो सकता है। एक आदमी पूछता है कि मैं गरीब रहूंगा कि अमीर रहूंगा? एक समाज कम्युनिस्ट हो सकता है, कोई गरीब और अमीर नहीं होगा। ये नॉन-एसेंशियल हिस्से हैं जो हम पूछते हैं। एक आदमी पूछता है कि अस्सी साल में मैं सड़क पर से गुजर रहा था और एक संतरे के छिलके पर पैर पड़ कर गिर पड़ा, तो मेरे चांद-तारों का इसमें कोई हाथ है या नहीं है? अब कोई चांद-तारे से तय नहीं किया जा सकता कि फलां-फलां नाम के संतरे से और फलां-फलां सड़क पर आपका पैर फिसलेगा। यह निपट गंवारी है।

लेकिन हमारी उत्सुकता इसमें है कि आज हम निकलेंगे सड़क पर से तो कोई छिलके पर पैर पड़ कर फिसल तो नहीं जाएगा। यह नॉन-एसेंशियल है। यह हजारों कारणों पर निर्भर है, लेकिन

इसके होने की कोई अनिवार्यता नहीं है। इसका बीइंग से, आत्मा से कोई संबंध नहीं है। यह घटनाओं की सतह है। ज्योतिष से इसका कोई लेना-देना नहीं है। और चूंकि ज्योतिषी इसी तरह की बातचीत में लगे रहते हैं इसलिए ज्योतिष का भवन गिर गया। ज्योतिष के भवन के गिर जाने का कारण यह हुआ कि ये बातें बेवकूफी की हैं। कोई भी बुद्धिमान आदमी इस बात को मानने को राजी नहीं हो सकता कि मैं जिस दिन पैदा हुआ उस दिन लिखा था कि मरीन ड्राइव पर फलां-फलां दिन एक छिलके पर मेरा पैर पड़ जाएगा और मैं फिसल जाऊंगा। न तो मेरे फिसलने का चांद-तारों से कोई प्रयोजन है, न उस छिलके का कोई प्रयोजन है। इन बातों से संबंधित होने के कारण ज्योतिष बदनाम हुआ। और हम सबकी उत्सुकता यही है कि ऐसा पता चल जाए। इससे कोई संबंध नहीं है।

सेमी-एसेंशियल कुछ बातें हैं। जैसे जन्म-मृत्यु, सेमी-एसेंशियल हैं। अगर आप इसके बाबत पूरा जान लें तो इसमें फर्क हो सकता है; और न जानें तो फर्क नहीं होगा। चिकित्सा की हमारी जानकारी बढ़ जाएगी तो हम आदमी की उम्र को लंबा कर लेंगे–कर रहे हैं। अगर हमारी एटम बम की खोज-बीन और बढ़ती चली गई तो हम लाखों लोगों को एक साथ मार डालेंगे–मारा है। यह सेमी-एसेंशियल, अर्द्ध अनिवार्य जगत है। जहां कुछ चीजें हो सकती हैं, नहीं भी हो सकती हैं। अगर जान लेंगे तो अच्छा है; क्योंकि विकल्प चुने जा सकते हैं। इसके बाद एसेंशियल का, अनिवार्य का जगत है। वहां कोई बदलाहट नहीं होती। लेकिन हमारी उत्सुकता पहले तो नॉन-एसेंशियल में रहती है। कभी शायद किसी की सेमी-एसेंशियल तक जाती है। वह जो एसेंशियल है, अनिवार्य है, अपरिहार्य है, जिसमें कोई फर्क होता ही नहीं, उस केंद्र तक हमारी पकड़ नहीं जाती, न हमारी इच्छा जाती है।

महावीर एक गांव के पास से गुजर रहे हैं। और महावीर का एक शिष्य गोशालक उनके साथ है,

जो बाद में उनका विरोधी हो गया। एक पौधे के पास से दोनों गुजरते हैं। गोशालक महावीर से कहता है कि सुनिए, यह पौधा लगा हुआ है। क्या सोचते हैं आप, यह फूल तक पहुंचेगा या नहीं पहुंचेगा? इसमें फूल लगेंगे या नहीं लगेंगे? यह पौधा बचेगा या नहीं बचेगा? इसका भविष्य है या नहीं?

महावीर आंख बंद करके उसी पौधे के पास खड़े हो जाते हैं। गोशालक पूछता है कि कहिए! आंख बंद करने से क्या होगा? टालिए मत।

उसे पता भी नहीं कि महावीर आंख बंद करके क्यों खड़े हो गए हैं। वे एसेंशियल की खोज कर रहे हैं। इस पौधे के बीइंग में उतरना जरूरी है, इस पौधे की आत्मा में उतरना जरूरी है। बिना इसके नहीं कहा जा सकता कि क्या होगा।

आंख खोल कर महावीर कहते हैं कि यह पौधा फूल तक पहुंचेगा। गोशालक उनके सामने ही पौधे को उखाड़ कर फेंक देता है, और खिलखिला कर हंसता है, क्योंकि इससे ज्यादा और अतर्क्य प्रमाण क्या होगा? महावीर के लिए कुछ कहने की अब और जरूरत क्या है? उसने पौधे को उखाड़ कर फेंक दिया, और उसने कहा कि देख लें। वह हंसता है, महावीर मुस्कुराते हैं। और दोनों अपने रास्ते चले आते हैं।

सात दिन बाद वे वापस उसी रास्ते पर लौट रहे हैं। जैसे ही महावीर और वे दोनों अपने आश्रम में पहुंचे जहां उन्हें ठहर जाना है, बड़ी भयंकर वर्षा हुई। सात दिन तक मूसलाधार पानी पड़ता रहा। सात दिन तक निकल नहीं सके। फिर लौट रहे हैं। जब लौटते हैं तो ठीक उस जगह आकर महावीर खड़े हो गए हैं जहां वे सात दिन पहले आंख बंद करके खड़े थे। देखा कि वह पौधा खड़ा है। जोर से वर्षा हुई, उसकी जड़ें वापस गीली जमीन को पकड़ गईं, वह पौधा खड़ा हो गया।

महावीर फिर आंख बंद करके उसके पास खड़े हो गए। गोशालक बहुत परेशान हुआ। उस पौधे को फेंक गए थे। महावीर ने आंख खोली। गोशालक ने पूछा कि हैरान हूं! आश्चर्य! इस पौधे को हम उखाड़ कर फेंक गए थे, यह तो फिर खड़ा हो गया है! महावीर ने कहा : यह फूल तक पहुंचेगा। और इसीलिए मैं आंख बंद करके खड़े होकर इसे देखा! इसकी आंतरिक पोटेंशिएलिटी, इसकी आंतरिक संभावना क्या है? इसकी भीतर की स्थिति क्या है? तुम इसे बाहर से फेंक दोगे उठा कर तो भी यह अपने पैर जमा कर खड़ा हो सकेगा? यह कहीं आत्मघाती तो नहीं है, सुसाइडल इंस्टिंक्ट तो नहीं है इस पौधे में, कहीं यह मरने को उत्सुक तो नहीं है! अन्यथा तुम्हारा सहारा लेकर मर जाएगा। यह जीने को तत्पर है? अगर यह जीने को तत्पर है तो... मैं जानता था कि तुम इसे उखाड़ कर फेंक दोगे।

गोशालक ने कहा : आप क्या कहते हैं?

महावीर ने कहा कि जब मैं इस पौधे को देख रहा था तब तुम भी पास खड़े थे और तुम भी दिखाई पड़ रहे थे। और मैं जानता था कि तुम इसे उखाड़ कर फेंकोगे। इसलिए ठीक से जान लेना जरूरी है कि पौधे की खड़े रहने की आंतरिक क्षमता कितनी है? इसके पास आत्म-बल कितना है? यह कहीं मरने को तो उत्सुक नहीं है कि कोई भी बहाना लेकर और मर जाए! तो तुम्हारा बहाना लेकर भी मर सकता है। और अन्यथा तुम्हारा उखाड़ कर फेंका गया पौधा पुनः जड़ें पकड़ सकता है।

गोशालक की दुबारा उस पौधे को उखाड़ कर फेंकने की हिम्मत न पड़ी; डरा। पिछली बार गोशालक हंसता हुआ गया था, इस बार महावीर हंसते हुए आगे बढ़े। गोशालक रास्ते में पूछने लगा : आप हंसते क्यों हैं? महावीर ने कहा कि मैं सोचता था कि देखें, तुम्हारी सामर्थ्य कितनी है! अब तुम दुबारा इसे उखाड़ कर फेंकते हो या नहीं? गोशालक ने पूछा कि आपको तो पता चल

जाना चाहिए कि मैं उखाड़ कर फेंकूंगा या नहीं! तो महावीर ने कहा : वह गैर-अनिवार्य है। तुम उखाड़ कर फेंक भी सकते हो, नहीं भी फेंक सकते हो। अनिवार्य यह था कि पौधा अभी जीना चाहता था, उसके पूरे प्राण जीना चाहते थे। वह अनिवार्य था; वह एसेंशियल था। यह तो गैर-अनिवार्य है, तुम फेंक भी सकते हो, नहीं भी फेंक सकते हो—तुम पर निर्भर है। लेकिन तुम पौधे से कमजोर सिद्ध हुए हो, हार गए हो।

महावीर से गोशालक के नाराज हो जाने के कुछ कारणों में एक कारण यह पौधा भी था—महावीर को छोड़ कर चले जाने में।

ज्योतिष का—जिस ज्योतिष की मैं बात कर रहा हूं—उसका संबंध अनिवार्य से, एसेंशियल से, फाउंडेशनल से है। आपकी उत्सुकता ज्यादा से ज्यादा सेमी-एसेंशियल तक जाती है। पता लगाना चाहते हैं कि कितने दिन जीऊंगा? मर तो नहीं जाऊंगा? जीकर क्या करूंगा, जी ही लूंगा तो क्या करूंगा, इस तक आपकी उत्सुकता ही नहीं पहुंचती। मरूंगा तो मरते में क्या करूंगा, इस तक आपकी उत्सुकता नहीं पहुंचती। घटनाओं तक पहुंचती है, आत्माओं तक नहीं पहुंचती। जब मैं जी रहा हूं, तो यह तो घटना है सिर्फ। जीकर मैं क्या कर रहा हूं, जीकर मैं क्या हूं, वह मेरी आत्मा है! जब मैं मरूंगा, वह तो घटना होगी। लेकिन मरते क्षण में मैं क्या होऊंगा, क्या करूंगा, वह मेरी आत्मा होगी। हम सब मरेंगे। मरने के मामले में सबकी घटना एक सी घटेगी। लेकिन मरने के संबंध में, मरने के क्षण में हमारी स्थिति सबकी भिन्न होगी। कोई मुस्कुराते हुए मर सकता है!

मुल्ला नसरुद्दीन से कोई पूछ रहा है जब वह मरने के करीब है। उससे कोई पूछ रहा है कि आपका क्या खयाल है मुल्ला, लोग जब पैदा होते हैं तो कहां से आते हैं? जब मरते हैं तो कहां

जाते हैं? मुल्ला ने कहा : जहां तक अनुभव की बात है, मैंने लोगों को पैदा होते वक्त भी रोते ही पैदा होते देखा और मरते वक्त भी रोते ही जाते देखा है। अच्छी जगह से न आते हैं, न अच्छी जगह जाते हैं। इनको देख कर जो अंदाज लगता है, न अच्छी जगह से आते हैं, न अच्छी जगह जाते हैं। आते हैं तब भी रोते हुए मालूम पड़ते हैं, जाते हैं तब भी रोते हुए मालूम पड़ते हैं।

लेकिन नसरुद्दीन जैसा आदमी हंसता हुआ मर सकता है। मौत तो घटना है, लेकिन हंसते हुए मरना आत्मा है। तो आप कभी ज्योतिषी से पूछे कि मैं हंसते हुए मरूंगा कि रोते हुए? नहीं पूछा होगा। पूरी पृथ्वी पर एक आदमी ने नहीं पूछा ज्योतिषी से जाकर कि मैं मरते वक्त हंसते हुए मरूंगा कि रोते हुए मरूंगा? यह पूछने जैसी बात है, लेकिन यह एसेंशियल एस्ट्रोलॉजी से जुड़ी हुई बात है।

आप पूछते हैं, कब मरूंगा? जैसे मरना अपने आप में मूल्यवान है बहुत! कब तक जीऊंगा? जैसे बस जी लेना काफी है! किसलिए जीऊंगा, क्यों जीऊंगा, जीकर क्या करूंगा, जीकर क्या हो जाऊंगा, कोई पूछने नहीं जाता! इसलिए महल गिर गया। क्योंकि वह महल गिर जाएगा जिसके आधार नॉन-एसेंशियल पर रखे हों। गैर-जरूरी चीजों पर जिसकी हमने दीवालें खड़ी कर दी हों वह कैसे टिकेगा! आधारशिलाएं चाहिए।

मैं जिस ज्योतिष की बात कर रहा हूं, और आप जिसे ज्योतिष समझते रहे हैं, उससे गहरी है, उससे भिन्न है, उससे आयाम और है। मैं इस बात की चर्चा कर रहा हूं कि कुछ आपके जीवन में अनिवार्य है। और वह अनिवार्य आपके जीवन में और जगत के जीवन में संयुक्त है, लयबद्ध है, अलग-अलग नहीं है। उसमें पूरा जगत भागीदार है। उसमें आप अकेले नहीं हैं।

जब बुद्ध को ज्ञान हुआ तो बुद्ध ने दोनों हाथ जोड़ कर पृथ्वी पर सिर टेक दिया। कथा है कि

आकाश से देवता बुद्ध को नमस्कार करने आए थे कि वह परम ज्ञान को उपलब्ध हुए हैं। बुद्ध को पृथ्वी पर हाथ टेके सिर रखे देख कर वे चकित हुए। उन्होंने पूछा कि तुम और किसको नमस्कार कर रहे हो? क्योंकि हम तो तुम्हें नमस्कार करने स्वर्ग से आते हैं। और हम तो नहीं जानते कि बुद्ध भी किसी को नमस्कार करे ऐसा कोई है। बुद्धत्व तो आखिरी बात है।

तो बुद्ध ने आंखें खोलीं और बुद्ध ने कहा : जो भी घटित हुआ है उसमें मैं अकेला नहीं हूं, सारा विश्व है। तो इस सबको धन्यवाद देने के लिए सिर टेक दिया है।

यह एसेंशियल एस्ट्रोलॉजी से बंधी हुई बात है। सारा जगत...।

इसलिए बुद्ध अपने भिक्षुओं से कहते थे कि जब भी तुम्हें कुछ भी भीतरी आनंद मिले, तत्क्षण अनुगृहीत हो जाना समस्त जगत के। क्योंकि तुम अकेले नहीं हो। अगर सूरज न निकलता, अगर चांद न निकलता, अगर एक रत्ती भर भी घटना और घटी होती तो तुम्हें यह नहीं होने वाला था जो हुआ है। माना कि तुम्हें हुआ है, लेकिन सबका हाथ है। सारा जगत उसमें इकट्ठा है।

एक कॉस्मिक, जागतिक अंतर-संबंध का नाम ज्योतिष है।

तो बुद्ध ऐसा नहीं कहेंगे कि मुझे हुआ है। बुद्ध इतना ही कहते हैं कि जगत को मेरे मध्य हुआ है। यह जो घटना घटी है एनलाइटेनमेंट की, यह जो प्रकाश का आविर्भाव हुआ है, यह जगत ने मेरे बहाने जाना है। मैं सिर्फ एक बहाना हूं, एक क्रास-रोड, जहां सारे जगत के रास्ते आकर मिल गए हैं।

कभी आपने खयाल किया है कि चौराहा बड़ा भारी होता है। लेकिन चौराहा अपने में कुछ नहीं होता, वे जो चार रास्ते आकर मिले होते हैं उन चारों को हटा लें तो चौराहा विदा हो जाता है। हम सब क्रॉस पॉइंट्स हैं, जहां जगत की अनंत शक्तियां आकर एक बिंदु को काटती हैं; वहां व्यक्ति निर्मित हो जाता है, इंडिविजुअल बन जाता है।

तो वह जो सारभूत ज्योतिष है उसका अर्थ केवल इतना ही है कि हम अलग नहीं हैं। एक, उस एक ब्रह्म के साथ हैं, उस एक ब्रह्मांड के साथ हैं। और प्रत्येक घटना भागीदार है।

तो बुद्ध ने कहा है कि मुझसे पहले जो बुद्ध हुए हैं उनको नमस्कार करता हूं, और मेरे बाद जो बुद्ध होंगे उनको नमस्कार करता हूं।

किसी ने पूछा कि आप उनको नमस्कार करें जो आपके पहले हुए, समझ में आता है। क्योंकि हो सकता है, उनसे कोई जाना-अनजाना ऋण हो। क्योंकि जो आपके पहले जान चुके हैं उनके ज्ञान ने आपको साथ दिया हो। लेकिन जो अभी हुए ही नहीं, उनसे आपको क्या लेना-देना है? उनसे आपको कौन सी सहायता मिली है?

तो बुद्ध ने कहा : जो हुए हैं उनसे भी मुझे सहायता मिली है, जो अभी नहीं हुए हैं उनसे भी मुझे सहायता मिली है। क्योंकि जहां मैं खड़ा हूं वहां अतीत और भविष्य एक हो गए हैं। वहां जो जा चुका है वह उससे मिल रहा है जो अभी आने को है। वहां जो जा चुका उससे मिलन हो रहा है उसका जो अभी आने को है। वहां सूर्योदय और सूर्यास्त एक ही बिंदु पर खड़े हैं। तो मैं उन्हें भी नमस्कार करता हूं जो होंगे; उनका भी मुझ पर ऋण है। क्योंकि अगर वे भविष्य में न हों तो मैं आज न हो सकूंगा।

इसको समझना थोड़ा कठिन पड़ेगा। यह एसेंशियल एस्ट्रोलॉजी की बात है। कल जो हुआ है अगर उसमें से कुछ भी खिसक जाए तो मैं न हो सकूंगा, क्योंकि मैं एक शृंखला में बंधा हूं। यह समझ में आता है। अगर मेरे पिता न हों जगत, में तो मैं न हो सकूंगा। यह समझ में आता है। क्योंकि एक कड़ी अगर विदा हो जाएगी तो मैं नहीं हो सकूंगा। अगर मेरे पिता के पिता न हों तो मैं न हो सकूंगा, क्योंकि कड़ी विसर्जित हो जाएगी। लेकिन मेरा भविष्य अगर

उसमें कोई कड़ी न हो तो मैं न हो सकूंगा, समझना बहुत मुश्किल पड़ेगा। क्योंकि उससे क्या लेना-देना, मैं तो हो ही गया हूं!

लेकिन बुद्ध कहते हैं कि अगर भविष्य में भी जो होने वाला है, वह न हो, तो मैं न हो सकूंगा। क्योंकि भविष्य और अतीत दोनों के बीच की मैं कड़ी हूं। कहीं भी कोई बदलाहट होगी तो मैं वैसा ही नहीं हो सकूंगा जैसा हूं। कल ने भी मुझे बनाया, आने वाला कल भी मुझे बनाता है। यही ज्योतिष है! बीता कल ही नहीं, आने वाला कल भी; जा चुका ही नहीं, जो आ रहा है वह भी; जो सूरज पृथ्वी पर उगे वे ही नहीं, जो उगेंगे वे भी, वे भी भागीदार हैं। वे भी आज के क्षण को निर्मित कर रहे हैं। क्योंकि यह जो वर्तमान का क्षण है यह हो ही न सकेगा अगर भविष्य का क्षण इसके आगे न खड़ा हो! उसके सहारे ही यह हो पाता है।

हम सबके हाथ भविष्य के कंधे पर रखे हुए हैं। हम सबके पैर अतीत के कंधों पर पड़े हुए हैं। हम सबके हाथ भविष्य के कंधों पर रखे हुए हैं। नीचे तो हमें दिखाई पड़ता है कि अगर मेरे नीचे जो खड़ा है वह न हो तो मैं गिर जाऊंगा। लेकिन भविष्य में मेरे जो फैले हाथ हैं, वे जो कंधों को पकड़े हुए हैं, अगर वे भी न हों तो भी मैं गिर जाऊंगा।

जब कोई व्यक्ति अपने को इतनी आंतरिक एकता में अतीत और भविष्य के बीच जुड़ा हुआ पाता है, तब, तब वह ज्योतिष को समझ पाता है। तब ज्योतिष धर्म बन जाता है, तब ज्योतिष अध्यात्म हो जाता है। और नहीं तो, वह जो नॉन-एसेंशियल है, गैर-जरूरी है, उससे जुड़ कर ज्योतिष सड़क की मदारीगिरी हो जाता है, उसका फिर कोई मूल्य नहीं रह जाता। श्रेष्ठतम विज्ञान भी जमीन पर पड़ कर धूल की कीमत के हो जाते हैं। हम उनका क्या उपयोग करते हैं इस पर सारी

बात निर्भर है। इसलिए मैं बहुत द्वारों से एक तरफ आपको धक्का दे रहा हूं कि आपको यह खयाल में आ सके कि सब संयुक्त है—संयुक्तता, इस जगत का एक परिवार होना या एक आर्गेनिक बॉडी होना, एक शरीर की तरह होना।

मैं श्वास लेता हूं तो पूरा शरीर प्रभावित होता है। सूरज श्वास लेता है तो पृथ्वी प्रभावित होती है। और दूर के महासूर्य हैं, वे भी कुछ करते हैं तो पृथ्वी प्रभावित होती है। और पृथ्वी प्रभावित होती है तो हम प्रभावित होते हैं। सब चीज, छोटा सा रोआं तक महान सूर्यों के साथ जुड़ कर कंपता है, कंपित होता है। यह खयाल में आ जाए तो हम सारभूत ज्योतिष में प्रवेश कर सकें। और असारभूत ज्योतिष की जो व्यर्थताएं हैं उनसे भी बच सकें।

क्षुद्रतम बातें हम ज्योतिष से जोड़ कर बैठ गए हैं। अति क्षुद्र! जिनका कहीं भी कोई मूल्य नहीं है। और उनको जोड़ने की वजह से बड़ी कठिनाई होती है। जैसे हमने जोड़ रखा है कि एक आदमी गरीब पैदा होगा या एक आदमी अमीर पैदा होगा तो इसका संबंध ज्योतिष से होगा। नहीं, गैर-जरूरी बात है। अगर आप नहीं जानते हैं तो ज्योतिष से संबंध जुड़ा रहेगा; अगर आप जान लेते हैं तो आपके हाथ में आ जाएगा।

एक बहुत मीठी कहानी आपको कहूं तो खयाल में आए। जिंदगी ऐसा ही बैलेंस है, ऐसा ही संतुलन है। मोहम्मद का एक शिष्य है, अली। और अली मोहम्मद से पूछता है कि बड़ा विवाद है सदा से कि मनुष्य स्वतंत्र है अपने कृत्य में या परतंत्र? बंधा है कि मुक्त? मैं जो करना चाहता हूं वह कर सकता हूं या नहीं कर सकता हूं?

सदा से आदमी ने यह पूछा है। क्योंकि अगर हम कर ही नहीं सकते कुछ, तो फिर किसी आदमी को कहना कि चोरी मत करो, झूठ मत बोलो, ईमानदार बनो, नासमझी है! एक आदमी

अगर चोर होने को ही बंधा है, तो यह समझाते फिरना कि चोरी मत करो, नासमझी है! या फिर यह हो सकता है कि एक आदमी के भाग्य में बदा है कि वह यही समझाता रहे कि चोरी न करो—जानते हुए कि चोर चोरी करेगा, बेईमान बेईमानी करेगा, असाधु असाधु होगा, हत्या करने वाला हत्या करेगा, लेकिन अपने भाग्य में यह बदा है कि अपन लोगों को कहते फिरो कि चोरी मत करो!

एब्सर्ड है! अगर सब सुनिश्चित है तो समस्त शिक्षाएं बेकार हैं; सब प्रोफेट और सब पैगंबर और सब तीर्थंकर व्यर्थ हैं। महावीर से भी लोग पूछते हैं, बुद्ध से भी लोग पूछते हैं कि अगर होना है, वही होना है, तो आप समझा क्यों रहे हैं? किसलिए समझा रहे हैं?

मोहम्मद से भी अली पूछता है कि आप क्या कहते हैं?

अगर महावीर से पूछा होता अली ने तो महावीर ने जटिल उत्तर दिया होता। अगर बुद्ध से पूछा होता तो बड़ी गहरी बात कही होती। लेकिन मोहम्मद ने वैसा उत्तर दिया जो अली की समझ में आ सकता था। कई बार मोहम्मद के उत्तर बहुत सीधे और साफ हैं। अक्सर ऐसा होता है कि जो लोग कम पढ़े-लिखे हैं, ग्रामीण हैं, उनके उत्तर सीधे और साफ होते हैं। जैसे कबीर के, या नानक के, या मोहम्मद के, या जीसस के। बुद्ध और महावीर के और कृष्ण के उत्तर जटिल हैं। वह संस्कृति का मक्खन है। जीसस की बात ऐसी है जैसे किसी ने लट्ठ सिर पर मार दिया हो। कबीर तो कहते ही हैं: कबीरा खड़ा बाजार में, लिए लुकाठी हाथ! लट्ठ लिए बाजार में खड़े हैं! कोई आए हम उसका सिर खोल दें!

मोहम्मद ने कोई बहुत मेटाफिजिकल बात नहीं कही। मोहम्मद ने कहा: अली, एक पैर उठा कर खड़ा हो जा! अली ने कहा कि हम पूछते हैं कि कर्म करने में आदमी स्वतंत्र है कि परतंत्र? मोहम्मद ने कहा: तू पहले एक पैर उठा! अली बेचारा एक पैर—बायां पैर—उठा कर खड़ा हो

गया। मोहम्मद ने कहा : अब तू दायां भी उठा ले। अली ने कहा : आप क्या बातें करते हैं! तो मोहम्मद ने कहा कि अगर तू चाहता पहले तो दायां भी उठा सकता था। अब नहीं उठा सकता। तो मोहम्मद ने कहा कि एक पैर उठाने को आदमी सदा स्वतंत्र है। लेकिन एक पैर उठाते ही तत्काल दूसरा पैर बंध जाता है।

वह जो नॉन-एसेंशियल हिस्सा है हमारी जिंदगी का, जो गैर-जरूरी हिस्सा है, उसमें हम पूरी तरह पैर उठाने को स्वतंत्र हैं। लेकिन ध्यान रखना, उसमें उठाए गए पैर भी एसेंशियल हिस्से में बंधन बन जाते हैं। वह जो बहुत जरूरी है वहां भी फंसाव पैदा हो जाता है। गैर-जरूरी बातों में पैर उठाते हैं और जरूरी बातों में फंस जाते हैं।

मोहम्मद ने कहा कि तू उठा सकता था पहला पैर भी, दायां भी उठा सकता था, कोई मजबूरी न थी। लेकिन अब चूंकि तू बायां उठा चुका इसलिए अब दायां उठाने में असमर्थता हो गई। आदमी की सीमाएं हैं। सीमाओं के भीतर स्वतंत्रता है। स्वतंत्रता सीमाओं के बाहर नहीं है।

तो बहुत पुराना संघर्ष है आदमी के चिंतन का कि अगर आदमी पूरी तरह परतंत्र है, जैसा ज्योतिषी साधारणतः कहते हुए मालूम पड़ते हैं। साधारण ज्योतिषी कहते हुए मालूम पड़ते हैं कि सब सुनिश्चित है, जो विधि ने लिखा है वह होकर रहेगा। तो फिर सारा धर्म व्यर्थ हो जाता है। और या फिर जैसा कि तथाकथित तर्कवादी, बुद्धिवादी कहते हैं कि सब स्वच्छंद है, कुछ बंधा हुआ नहीं है, कुछ होने का निश्चित नहीं है, सब अनिश्चित है। तो जिंदगी एक केऑस और एक अराजकता और एक स्वच्छंदता हो जाती है। फिर तो यह भी हो सकता है कि मैं चोरी करूं और मोक्ष पा जाऊं, हत्या करूं और परमात्मा मिल जाए। क्योंकि जब कुछ भी बंधा हुआ नहीं है और किसी भी क[illegible] कोई दूसरा कदम बंधता नहीं है और जब कहीं भी कोई नियम और सीमा नहीं है...।

मुल्ला का फिर मुझे खयाल आता है। मुल्लानसरुद्दीन एक मस्जिद के नीचे से गुजर रहा है।

और एक आदमी मस्जिद के ऊपर से गिर पड़ा। नमाज या अजान पढ़ने चढ़ा था मीनार पर, ऊपर से गिर पड़ा। मुल्ला के कंधे पर गिरा। मुल्ला की कमर टूट गई। अस्पताल में मुल्ला भर्ती किए गए, उनके शिष्य उनको मिलने गए। और शिष्यों ने कहा : मुल्ला, इससे क्या मतलब निकलता है? हाउ डू यू इंटरप्रीट इट? इस घटना की व्याख्या क्या है? क्योंकि मुल्ला हर घटना से व्याख्या निकालता था।

मुल्ला ने कहा : इससे साफ जाहिर होता है कि कर्म का और फल का कोई संबंध नहीं है। कोई आदमी गिरता है, किसी की कमर टूट जाती है। इसलिए अब तुम कभी सैद्धांतिक विवाद में मत पड़ना। यह बात सिद्ध होती है कि गिरे कोई, कमर किसी की टूट सकती है। वह आदमी तो मजे में है—वह इसके ऊपर सवार हो गया था ऊपर से—हम मर गए! न हम अजान पढ़ने चढ़े, न हमने मीनार पर कोई चढ़ाव किया था। हम अपने घर लौट रहे थे, हमारा कोई संबंध ही न था। इसलिए मुल्ला ने कहा : आज से सब सिद्धांत की बातचीत बंद! कुछ भी हो सकता है! कुछ भी हो सकता है, कोई कानून नहीं है, अराजकता है। नाराज था। स्वाभाविक था, उसकी कमर टूट गई थी।

दो विकल्प सीधे रहे हैं। एक विकल्प तो यह है कि ज्योतिषी साधारणतः जैसे सड़क पर बैठने वाला ज्योतिषी कहता है। वह चाहे गरीब आदमी का ज्योतिषी हो और चाहे मोरार जी देसाई का ज्योतिषी हो, इससे कोई फर्क नहीं पड़ता। वह सड़क छाप ही है ज्योतिषी, जिससे कोई नॉन-एसेंशियल पूछने जाता है कि इलेक्शन में जीतेंगे कि हार जाएंगे? जैसे कि आपके इलेक्शन से चांद-तारों का कोई लेना-देना है। वह कहता है, सब बंधा हुआ है; कुछ इंच भर यहां-वहां नहीं हो सकता। वह भी गलत कहता है।

और दूसरी तरफ तर्कवादी है, बुद्धिवादी है। वह कहता है, किसी चीज का कोई संबंध नहीं

है। कुछ भी घट रहा है, सांयोगिक है, चांस है, कोइंसीडेंस है, संयोग है। यहां कोई नियम नहीं है। सब अराजकता है। वह भी गलत कहता है। यहां नियम है। क्योंकि वह बुद्धिवादी कभी बुद्ध की तरह आनंद से भरा हुआ नहीं मिलता। वह बुद्धिवादी धर्म और ईश्वर को और आत्मा को तर्क से इनकार तो कर लेता है, लेकिन कभी महावीर की प्रसन्नता को उपलब्ध नहीं होता। जरूर महावीर कुछ करते हैं जिससे उनकी प्रसन्नता फलित होती है। और बुद्ध कुछ करते हैं जिससे उनकी समाधि निकलती है। और कृष्ण कुछ करते हैं जिससे उनकी बांसुरी के स्वर अलग हैं।

स्थिति तीसरी है। और तीसरी स्थिति यह है कि जो बिलकुल सारभूत है, जो अंतर्तम है, वह बिलकुल सुनिश्चित है। जितना हम अपने केंद्र की तरफ आते हैं उतना निश्चय के करीब आते हैं। जितना हम अपनी परिधि की तरफ, सरकमफरेंस की तरफ जाते हैं, उतना संयोग के करीब जाते हैं। जितना हम बाहर की घटना की बात कर रहे हैं उतनी सांयोगिक बात है। जितनी हम भीतर की बात कर रहे हैं उतनी ही नियम और विज्ञान पर, उतनी ही सुनिश्चित बात हो जाती है। दोनों के बीच में भी जगह है जहां बहुत रूपांतरण होते हैं। जहां जानने वाला आदमी विकल्प चुन लेता है। नहीं जानने वाला अंधेरे में वही चुन लेता है जो भाग्य है। जो अंधेरा, जो संयोग उसको पकड़ा देता है।

तीन बातें हुईं। ऐसा क्षेत्र है जहां सब सुनिश्चित है। उसे जानना सारभूत ज्योतिष को जानना है। ऐसा क्षेत्र है जहां सब अनिश्चित है। उसे जानना व्यावहारिक जगत को जानना है। और ऐसा क्षेत्र है जो दोनों के बीच में है। उसे जान कर आदमी, जो नहीं होना चाहिए उससे बच जाता है, जो होना चाहिए उसे कर लेता है। और अगर परिधि पर और परिधि और केंद्र के मध्य में आदमी इस भांति जीए कि केंद्र पर पहुंच पाए तो उसकी जीवन की यात्रा धार्मिक हो जाती है। और अगर इस भांति जीए कि केंद्र पर कभी न पहुंच पाए तो उसके जीवन की यात्रा अधार्मिक हो जाती है।

जैसे एक आदमी चोरी करने खड़ा है। चोरी करना कोई नियति नहीं है। चोरी करनी ही पड़ेगी, ऐसा कोई सवाल नहीं है। स्वतंत्रता पूरी मौजूद है। हां, करने के बाद एक पैर उठ जाएगा, दूसरा पैर फंस जाएगा। करने के बाद न करना मुश्किल हो जाएगा। करने के बाद बचना मुश्किल हो जाएगा। किए हुए का सारा का सारा प्रभाव व्यक्तित्व को ग्रसित कर लेगा। लेकिन जब तक नहीं किया है तब तक विकल्प मौजूद है। हां और न के बीच में आदमी का चित्त डोल रहा है। अगर वह न कर दे तो केंद्र की तरफ आ जाएगा। अगर वह हां कर दे तो परिधि पर चला जाएगा। वह जो मध्य में है चुनाव, वहां अगर वह गलत को चुन ले तो परिधि पर फेंक दिया जाता है और अगर सही को चुन ले तो केंद्र की तरफ आ जाता है।

तो उस ज्योतिष की तरफ, जो हमारे जीवन का सारभूत है, कुछ बातें मैंने कही हैं। आज मैंने एक बात आपसे कही और वह यह कि सूर्य के हम फैले हुए हाथ हैं। सूर्य से जन्मती है पृथ्वी, पृथ्वी से जन्मते हैं हम। हम अलग नहीं हैं, हम जुड़े हैं। हम सूर्य की ही दूर तक फैली हुई शाखाएं और पत्ते हैं। सूर्य की जड़ों में जो होता है वह हमारे पत्तों के रोएं-रोएं, रेशे-रेशे तक फैल जाता है और कंपित कर जाता है। यदि यह खयाल में हो तो हम जगत के बीच एक पारिवारिक बोध को उपलब्ध हो सकते हैं। तब हमें स्वयं की अस्मिता और अहंकार में जीने का कोई प्रयोजन नहीं है।

और ज्योतिष की सबसे बड़ी चोट अहंकार पर है। अगर ज्योतिष सही है तो अहंकार गलत है, ऐसा समझें। और अगर ज्योतिष गलत है तो फिर अहंकार के अतिरिक्त कुछ सही होने को नहीं बचता। अगर ज्योतिष सही है तो जगत सही है और मैं गलत हूं अकेले की तरह। जगत का एक टुकड़ा ही हूं, एक हिस्सा ही हूं; और कितना नाचीज टुकड़ा, जिसकी कोई गणना भी नहीं हो सकती। अगर ज्योतिष सही है तो मैं नहीं हूं; शक्तियों का एक प्रवाह है, उसी में एक छोटी लहर

मैं हूं। किसी बड़ी लहर पर सवार कभी-कभी भ्रम पैदा हो जाता है कि मैं भी हूं। वह बड़ी लहर का खयाल नहीं रह जाता, और बड़ी लहर भी किसी सागर पर सवार है उसका तो बिलकुल खयाल नहीं रह जाता।

नीचे से सागर हाथ अलग कर लेता है, बड़ी लहर बिखरने लगती है; बड़ी लहर बिखरती है, मैं खो जाता हूं। अकारण दुख ले लेता हूं कि मिट रहा हूं, क्योंकि अकारण मैंने सुख लिया था कि हूं। अगर उसी वक्त देख लेता कि मैं नहीं हूं, बड़ी लहर है, बड़ा सागर है। सागर की मर्जी उठता हूं, सागर की मर्जी खो जाता हूं। अगर ऐसी भाव-दशा बन जाती कि अनंत की मर्जी का मैं एक हिस्सा हूं, तो कोई दुख न था। हां, वह तथाकथित सुख भी फिर नहीं हो सकता जो हम लेते रहते हैं। मैंने जीता, मैंने कमाया, वह सुख भी नहीं रह जाएगा। वह दुख भी नहीं रह जाएगा कि मैं मिटा, मैं बर्बाद हुआ, मैं टूट गया, मैं नष्ट हो गया, हार गया, पराजित हुआ, वह दुख भी नहीं रह जाएगा। और जब ये दोनों सुख और दुख नहीं रह जाते हैं तब हम उस सारभूत जगत में प्रवेश करते हैं जहां आनंद है।

ज्योतिष आनंद का द्वार बन जाता है, अगर हम ऐसा देखें कि वह हमारी अस्मिता को गलाता है, हमारे अहंकार को बिखेरता है, हमारी ईगो को हटा देता है। लेकिन जब हम बाजार में सड़क पर ज्योतिषी के पास जाते हैं तो अपने अहंकार की सुरक्षा के लिए, पूछने कि घाटा तो नहीं लगेगा? यह लॉटरी मिल जाएगी? नहीं मिलेगी? यह धंधा हाथ में लेते हैं, सफलता निश्चित है? अहंकार के लिए हम पूछने जाते हैं। और मजा यह है कि ज्योतिष पूरा का पूरा अहंकार के विपरीत है। ज्योतिष का अर्थ ही यह है कि आप नहीं हो, जगत है। आप नहीं हो, ब्रह्मांड है। विराट शक्तियों का प्रभाव है, आप कुछ भी नहीं हो।

इस ज्योतिष की तरफ खयाल आए, और वह तभी आ सकता है जब हम इस विराट जगत के बीच अपने को एक हिस्से की तरह देखें। इसलिए मैंने कहा कि सूर्य से किस भांति यह सारा का सारा संयुक्त और जुड़ा हुआ है। अगर सूर्य से हमें पता चल जाए कि हम जुड़े हुए हैं तो फिर हमको पता चलेगा कि सूर्य और महासूर्यों से जुड़ा हुआ है।

कोई चार अरब सूर्य हैं। और वैज्ञानिक कहते हैं कि इन सभी सूर्यों का जन्म किसी महासूर्य से हुआ है। अब तक हमें उसका कोई अंदाज नहीं वह कहां होगा। जैसे पृथ्वी अपनी कील पर घूमती है और साथ ही सूरज का चक्कर लगाती है, ऐसे ही सूरज अपनी कील पर घूमता है और किसी बिंदु का चक्कर लगा रहा है। उस बिंदु का ठीक-ठीक पता नहीं है कि वह बिंदु क्या है जिसका सूरज चक्कर लगा रहा है। विराट चक्कर जारी है। जिस बिंदु का सूरज चक्कर लगा रहा है वह बिंदु और सूरज का पूरा का पूरा सौर-परिवार भी किसी और महाबिंदु के चक्कर में संलग्न है।

मंदिरों में परिक्रमा बनी है। वह परिक्रमा इसका प्रतीक है कि इस जगत में सारी चीजें किसी की परिक्रमा कर रही हैं। प्रत्येक अपने में घूम रहा है और फिर किसी की परिक्रमा कर रहा है। फिर वे दोनों मिल कर किसी और बड़े की परिक्रमा कर रहे हैं। फिर वे तीनों मिल कर और किसी की परिक्रमा कर रहे हैं। वह जो अल्टीमेट है जिसकी सभी परिक्रमा कर रहे हैं, उसको ज्ञानियों ने ब्रह्म कहा है—उस अंतिम को, जो किसी की परिक्रमा नहीं कर रहा है, जो अपने में भी नहीं घूम रहा है और किसी की परिक्रमा भी नहीं कर रहा है।

ध्यान रखें, जो अपने में घूमेगा वह किसी की परिक्रमा जरूर करेगा। जो अपने में भी नहीं घूमेगा वह फिर किसी की परिक्रमा नहीं करता। वह शून्य और शांत है। वह धुरी, वह कील जिस पर सारा ब्रह्मांड घूम रहा है, जिससे सारा ब्रह्मांड फैलता है और सिकुड़ता है।

हिंदुओं ने तो सोचा है कि जैसे कली फूल बनती है, फिर बिखर जाती है; ऐसे ही यह पूरा जगत खिलता है, फैलता है, एक्सपैंड होता है, फिर प्रलय को उपलब्ध हो जाता है। जैसे दिन होता है और रात होती है, ऐसे ही सारे जगत का दिन है और फिर सारे जगत की रात हो जाती है। जैसा मैंने कहा कि ग्यारह वर्ष की एक लय है, नब्बे वर्ष की एक लय है। ऐसा हिंदू विचार का खयाल है कि अरबों-खरबों वर्ष की भी एक लय है। उस लय में जगत उठता है, जवान होता है। पृथ्वियां पैदा होती हैं, चांद-तारे फैलते हैं, बस्तियां बसती हैं। लोग जन्मते हैं, करोड़ों-करोड़ों प्राणी पैदा होते हैं। और कोई एक अकेली पृथ्वी पर हो जाते हैं, ऐसा नहीं।

अब वैज्ञानिक कहते हैं कि कम से कम पचास हजार ग्रहों पर जीवन होना चाहिए, कम से कम! यह मिनिमम है, इतना तो होगा ही, इससे ज्यादा हो सकता है। इतने बड़े विराट जगत में अकेली पृथ्वी पर जीवन हो, यह संभव नहीं मालूम होता। पचास हजार ग्रहों पर, पचास हजार पृथ्वियों पर जीवन है। अनंत फैलाव है। फिर सब सिकुड़ जाता है।

यह पृथ्वी सदा नहीं थी, यह सदा नहीं होगी। जैसे मैं सदा नहीं था, सदा नहीं होऊंगा। वैसे ही यह पृथ्वी सदा नहीं थी, सदा नहीं होगी। यह सूरज भी सदा नहीं था, सदा नहीं होगा। ये चांद-तारे भी सदा नहीं थे, सदा नहीं होंगे। इनके होने और न होने का वर्तुल घूमता रहता है। उस विराट पहिए में हम भी कहीं एक पहिए की किसी धुरी पर न होने जैसे कहीं हैं। और अगर हम सोचते हों कि हम अलग हैं तो हमारी स्थिति वैसी ही है जैसे कोई आदमी ट्रेन में बैठा हो...।

मैंने सुना है कि एक आदमी एक हवाई जहाज में सवार हुआ। और जल्दी पहुंच जाए इसलिए तेजी से हवाई जहाज के भीतर चलने लगा—जल्दी पहुंच जाने के खयाल से! स्वाभाविक

तर्क है कि अगर जल्दी चलिएगा तो जल्दी पहुंच जाइएगा। यात्रियों ने उसे पकड़ा और कहा कि आप क्या कर रहे हैं? उसने कहा कि मैं थोड़ा जल्दी में हूं।

जमीन पर उसका जो तर्क था—वह पहली दफे ही हवाई जहाज में सवार हुआ था—जमीन पर वह जानता था कि जल्दी चलिए तो जल्दी पहुंच जाते हैं। हवाई जहाज पर भी वह जल्दी चल रहा था, इसका बिना खयाल किए कि उसका चलना अब इररेलेवेंट है, अब असंगत है। अब हवाई जहाज चल ही रहा है। वह चल कर सिर्फ अपने को थका ले सकता है; जल्दी नहीं पहुंचेगा, यह हो सकता है कि पहुंचते-पहुंचते इतना थक जाए कि उठ भी न पाए। उसे विश्राम कर लेना चाहिए। उसे आंख बंद करके लेट जाना चाहिए।

धार्मिक व्यक्ति मैं उसे कहता हूं जो इस जगत की विराट गति के भीतर विश्राम को उपलब्ध है। जो जानता है कि विराट चल रहा है, जल्दी नहीं है। मेरी जल्दी से कुछ होगा नहीं। अगर मैं इस विराट की लयबद्धता में एक बना रहूं, वही काफी है, वही आनंदपूर्ण है।

ज्योतिष के लिए मैं इसीलिए आपसे इतनी बातें कहा हूं। यह खयाल में आ जाए तो ज्योतिष आपके लिए अध्यात्म का द्वार सिद्ध हो सकता है।

■■■

ओशो--एक परिचय

ओशो किसी कोटि में नहीं रखे जा सकते। उनके हजारों प्रवचन अर्थवत्ता की व्यक्तिगत तलाश से लेकर आज समाज के समक्ष उपस्थित सर्वाधिक ज्वलंत सामाजिक व राजनैतिक समस्याओं तक सब-कुछ पर प्रकाश डालते हैं। ओशो की पुस्तकें लिखी नहीं गई हैं, वे अंतर्राष्ट्रीय श्रोताओं के समक्ष उनकी तत्क्षण दी गई ध्वनिमुद्रित ऑडियो/वीडियो वार्ताओं के संकलन हैं। जैसा कि वे कहते हैं : ''तो याद रहे, मैं जो भी कह रहा हूं वह केवल तुम्हारे लिए ही नहीं...मैं भविष्य की पीढ़ियों के लिए भी बोल रहा हूं।''

ओशो को लंदन के द संडे टाइम्स ने ''बीसवीं सदी के 1000 निर्माताओं'' में से एक कह कर वर्णित किया है। सुप्रसिद्ध अमरीकी लेखक टॉम राबिन्स ने ''जीसस क्राइस्ट के बाद सर्वाधिक खतरनाक व्यक्ति'' कह कर वर्णित किया है। भारत के संडे मिड-डे ने ओशो को गांधी, नेहरू और बुद्ध के साथ उन दस लोगों में चुना है जिन्होंने भारत का भाग्य बदल दिया।

अपने कार्य के बारे में ओशो ने कहा है कि वे एक नये मनुष्य के जन्म के लिए भूमि तैयार कर रहे हैं। इस नये मनुष्य को वे 'ज़ोरबा दि बुद्धा' कहते हैं--जो ज़ोरबा द ग्रीक की तरह पृथ्वी के समस्त सुखों को

भोगने की क्षमता रखता हो और गौतम बुद्ध की तरह प्रशांत सौम्यता में जीता हो। ओशो के हर आयाम में एक धारा की तरह बहता हुआ वह जीवन-दर्शन है जो पूरब की समयातीत प्रज्ञा और पश्चिम के विज्ञान और तकनीकी की सर्वोच्च संभावनाओं को एक साथ समाहित करता है। वे आंतरिक रूपांतरण के विज्ञान में क्रांतिकारी देशना के पर्याय हैं और ध्यान की उन विधियों के प्रस्तोता हैं जो आज के गतिशील जीवन को ध्यान में रख कर रची गई हैं।

अनूठे ओशो सक्रिय ध्यान इस तरह रचे गए हैं कि पहले शरीर और मन में एकत्रित तनावों का रेचन हो सके, जिससे रोजमर्रा के जीवन में सहज स्थिरता फलित हो व विचार-रहित दशा की प्रशांति अनुभव की जा सके।

ओशो की दो आत्मकथात्मक कृतियां

ऑटोबायोग्राफी ऑफ ए स्प्रिचुअली इनकरेक्ट मिस्टिक, (सेंट मार्टिंस प्रेस, यू एस ए)
ग्लिम्प्सेस ऑफ ए गोल्डन चाइल्डहुड, (ओशो मीडिया इंटरनेशनल, पुणे, भारत)